Gabriela von Witzleben

Das systemische Enneagramm

Der Einsatz des Strukturmodells in Coaching und Therapie

Institut für systemisches Enneagramm
Gabriela von Witzleben
78467 Konstanz
Tel: 07531 / 7 26 04 87
info@systemisches-enneagramm.de
www.systemisches-enneagramm.de
www.systemisches-enneagramm-netzwerk.com

Gabriela von Witzleben

Das systemische Enneagramm

Der Einsatz des Strukturmodells in Coaching und Therapie

1. Auflage 2014

Autor: Gabriela von Witzleben
Lektorat, Korrektorat: sinntext
Satz: Sebastian Bähr
Umschlaggestaltung: Sebastian Bähr
Printed in Germany

Verlag: tao.de in J. Kamphausen Mediengruppe GmbH, Bielefeld,
www.tao.de, eMail: info@tao.de

Bibliografische Information der Deutschen Nationalbibliothek:
Die Deutsche Nationalbibliothek verzeichnet diese Publikation in der Deutschen Nationalbibliografie; detaillierte bibliografische Daten sind im Internet über http://dnb.d-nb.de abrufbar.

ISBN: 978-3-95802-020-7

Dieses Buch widme ich all meinen Seminarteilnehmerinnen und Seminarteilnehmern sowie meinen Klienten und Klientinnen, die mich an ihren ganz persönlichen Prozessen haben teilhaben lassen. Nur dadurch war es mir möglich, ein Verständnis für den systemischen Kontext des Enneagramms zu entwickeln.

Vorwort

Immer wieder wurde ich gefragt, ob ich nicht ein Enneagramm-Buch schreiben könnte. Im Laufe der Jahre ist dann für meine Seminare das erste Grundlagen-Skript entstanden. Dieses habe ich jetzt als Buch veröffentlicht unter dem Titel »Enneagramm kompakt«. Die grundlegende Frage für mich war jedoch, was kann mein Buch leisten, das es auf dem Markt der Enneagramm-Bücher noch nicht gibt? Das Modell in einen systemischen Kontext zu setzen, erschien mir eine sinnvolle Aufgabe. So habe ich mich im Laufe der letzten Jahre intensiv mit unterschiedlichen systemischen Ansätzen beschäftigt und diese mit dem Modell des Enneagramms verknüpft.

Es entstand ein eigener Ansatz, dieses Modell für Therapie und Coaching zu nutzen. Die gemeinsame Wurzel des Enneagramm-Modells hat im Laufe der Jahrzehnte unterschiedlichste Zweige entwickelt und die »Konstanzer Schule des systemischen Enneagramms« ist einer dieser Zweige.

Inhaltsverzeichnis

Teil 1

Das Enneagramm-Modell

Einführung

Das Enneagramm ist ein Modell über den Komplex von neun Persönlichkeitsstrukturen. Das Wort leitet sich aus dem Griechischen ab und bedeutet: Ennea = Neun und Gram = Figur. Es handelt sich um ein grafisch dargestelltes Modell, welches aus einem Sechszack und einem Dreieck besteht. Die den Strukturen zugeordneten Zahlen sind kreisförmig angeordnet. Oft wird im Kontext des Enneagramms das Wort »Typ« verwendet, in diesem Buch wird jedoch ganz bewusst von Strukturen gesprochen. Das soll verdeutlichen, dass es um eine strukturelle Grundlage der Persönlichkeit geht und nicht um eine festlegende Typisierung.

Das Enneagramm-Modell lässt sich so beschreiben: Der Mensch hat drei Zentren der Wahrnehmung und Aufmerksamkeit: Bauch, Herz und Kopf. Im Modell erfolgt die Zuordnung so, dass jeder Mensch in einem dieser drei Zentren primär verankert ist. Die anderen beiden Zentren sind entsprechend nachgeordnet. Das bedeutet, sie spielen eine genauso wichtige Rolle, sind jedoch nicht der Ausgangspunkt für das strukturelle »Betriebssystem« eines Menschen.

Was bis hierhin noch abstrakt wirken mag, wird leichter verständlich, wenn man mit einbezieht, dass diese drei Zentren sich tatsächlich auch körperlich ausdrücken können und dass bestimmte Redewendungen – wie »da hüpft mir das Herz vor Freude« oder »das schlägt mir auf den Magen« – oder Beschreibungen wie das beliebte »Bauchgefühl« nicht von ungefähr Teil unseres Sprachgebrauchs sind. Sie drücken unsere Erfahrung aus, dass eine stete Wechselwirkung zwischen Körper und Psyche vorhanden ist.

Oft ist es für den Einzelnen jedoch schwer zu unterscheiden, ob ein Gefühl im Herzen zu verorten ist oder ob es doch eher dem Bauch entspringt. Das Modell des Enneagramms bietet Perspektiven, wie diese Einschätzung besser gelingen kann und welche Bedeutung dann z. B. dem »Bauchgefühl« gegeben werden kann, was wiederum den Umgang mit diesem Gefühl stark beeinflusst. Allein für diese Differenzierung der Wahrnehmung lohnt es sehr, sich näher mit dem Enneagramm zu beschäftigen.

Das Enneagramm-Modell ordnet den drei Körperregionen Bauch, Herz und Kopf drei Wahrnehmungszentren zu. Daher ist es naheliegend und sinnvoll, den Körper und das Gefühl mit einzubeziehen, wenn man sich mit den Enneagramm-Strukturen beschäftigt. Geht es also darum zu ermitteln, welche Struktur bei einem Menschen vorherrscht, können Interviewtechniken immer nur einen Teil erfassen. Daher stellt es eine Herausforderung dar, in einem Buch zu beschreiben, wie eine Enneagramm-Struktur erfasst werden kann und bei dieser Erfassung Gefühl und Körper mit einzubeziehen, denn die Auseinandersetzung mit einem Buchinhalt ist doch primär kognitiv, das liegt in der Natur der Sache. Damit Gefühl und Körper aber an der Erforschung des Enneagramms partizipieren können, lade ich Sie in der Folge immer wieder ein, kleine Versuche mit sich selbst durchzuführen, um das Gelesene wahrzunehmen und zu spüren. Wagen Sie den Versuch und lassen Sie sich dabei immer auch etwas Zeit, dann werden Sie vielleicht zu ahnen beginnen, dass die Beschäftigung mit der eigenen oder der Enneagramm-Struktur eines Anderen keine rein kognitive Angelegenheit ist, sondern Herz und Bauch mit an Bord sein müssen.

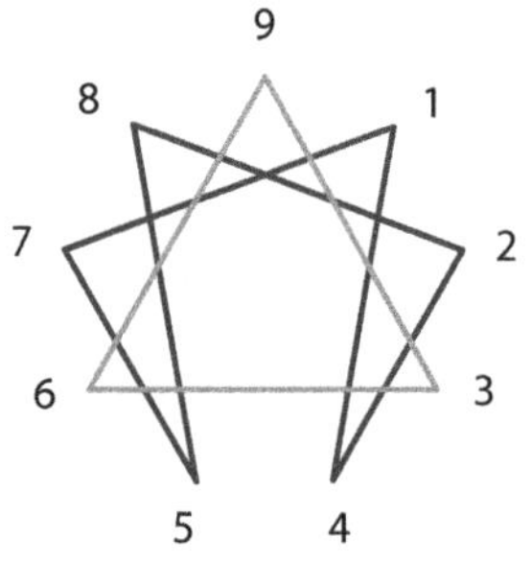

Abb. 1: Grafische Darstellung des Enneagramm-Modells

Dieses Buch eignet sich sowohl für den interessierten Laien als auch für den Coach, Trainer oder Therapeuten. Das Persönlichkeitsmodell Enneagramm wird in einen systemischen Kontext gesetzt, denn so kann es Sie dabei unterstützen, die Persönlichkeits-Struktur von biografischen Themen und persönlichen Erfahrungen abzugrenzen. Um das Thema für Sie als Leser nachvollziehbar darzustellen, werden zahlreiche Fallbeispiele aufgeführt.

Im westlichen Kulturkreis ist das Enneagramm seit Anfang des 20. Jahrhunderts bekannt. Seither gibt es in der Arbeit mit dem Enneagramm-Modell und, Bezug nehmend auf dieses Modell, unter anderem zwei wesentliche Ausrichtungen: Einerseits wird im kirchlich/spirituellen Kontext damit gearbeitet und andererseits gibt es eine psychologische Ausrichtung, die sich mit dem Enneagramm als Typenlehre beschäftigt. Die Ursprünge des Enneagramms sind nicht sicher geklärt. Don R. Riso schreibt hierzu: »Eines der Hauptprobleme bei der Beschäftigung mit dem Enneagramm liegt darin, dass sich seine Ursprünge im Dunkel der Geschichte verlieren.«[1] Zwar gibt es einige Hinweise, die sowohl auf islamische als auch auf christliche Zusammenhänge und Ursprünge schließen lassen – wer jedoch die Urheberschaft der Terminologie und des Modells für sich in Anspruch nehmen kann, scheint weder geklärt, noch ergründbar. Wer sich zum Komplex Herkunft und Ursprung des Enneagramms näher informieren möchte, dem sei folgende Quelle empfohlen: »Das Enneagramm – Literaturrecherche zur Nutzung eines Persönlichkeitsmodells« von André Häring, als E-Book erschienen.

Der Markt bietet heute schon sehr viele Bücher zum Enneagramm an. Seit circa 20 Jahren wird dieses Modell von unterschiedlichen Autoren und so auch in unterschiedlichen Ansätzen untersucht. In den letzten Jahren gibt es vermehrt Autoren, die das Enneagramm aus der esoterischen Zuweisung herauslösen wollen, es ganz bewusst in einen Alltags- und Berufs-Kontext setzen und damit gezielt im Coaching, in der Teambildung und in der Entwicklung von Führungspotenzial arbeiten. Einige Autoren arbeiten mit dem Enneagramm, ohne das Modell jedoch so zu benennen, weil es abgehoben oder auch esoterisch klingt und sie befürchten, damit nicht ernst genommen zu werden.

Ich habe mir ebenfalls überlegt, ob es nicht einfacher wäre, es beim Begriff des »Drei-Zentren-Modells« zu belassen. Jedoch ist diese Figur, die aus einem Dreieck und einem Sechszack besteht, gerade der Aspekt, der dem Enneagramm als Modell von Persönlichkeitsstrukturen seine Einzigartigkeit verleiht. Das Enneagramm als Strukturmodell übt auf viele Menschen einen starken Reiz aus. Dieser entspringt meiner Erfahrung nach dem Bedürfnis der meisten Menschen, sich und ihre Umwelt besser zu verstehen. Gleichzeitig bringen viele Menschen typisierenden Persönlichkeitsmodellen eine gesunde Skepsis entgegen. Einerseits möchten Menschen nicht in Schubladen gesteckt werden, weil sie Angst vor Klischees haben, andererseits möchten sie doch gerne wissen, in welcher Enneagramm-Struktur sie denn beheimatet sein könnten. Dies über ein Buch herauszufinden, kann nur begrenzt gelingen, es wird immer nur Anhaltspunkte bieten,

[1] Don R. Riso, *Die neun Typen der Persönlichkeit und das Enneagramm*, Knaur Verlag, 1989, S. 27.

denn das Erfassen der drei Zentren Bauch – Herz – Kopf hat ganz zentral einen Körper-Resonanz-Aspekt. Verhaltensweisen allein beschreiben nur sehr bedingt eine Persönlichkeitsstruktur.

So gehe ich davon aus, dass das Enneagramm *neun strukturierte Möglichkeitsräume* mit potenziell unbegrenzten *Möglichkeitsbäumen* abbildet. Mehr über diese Möglichkeitsräume zu erfahren, ist eine spannende Entdeckungsreise, denn diese Räume sind identitätsstärkend und unterstützen dabei, sich selbst differenzierter verstehen und begreifen zu können. Gerade dadurch können die Möglichkeitsbäume mit ihren ganz individuellen Ästen und Trieben ressourcenorientiert genährt und gestärkt werden.

Ganz zentraler Aspekt meiner Arbeit ist die Idee, dass die Enneagramm-Struktur auch im Körper repräsentiert ist: »Es ist mehr Vernunft in deinem Leibe als in deiner besten Weisheit.«[2] Dieses Zitat drückt aus, dass es nicht nur unterstützend, sondern sogar wegweisend ist, den Körper in die Arbeit mit dem Enneagramm einzubeziehen, denn es handelt sich ja um ein Modell und keine Methode. Mit welchen Methoden und in welcher Herangehensweise das Modell dann eingesetzt wird, ist ebenfalls eine wesentliche Frage. Gerade durch die körperbasierte Arbeit hat sich im Laufe der Zeit in mir die Überzeugung verdichtet, dass die Enneagramm-Struktur keine Notlösungsstrategie ist, die in der Kindheit entsteht, sondern eine Struktur, die *angeboren* ist, somit also auch keine Fehlhaltung, sondern eine spezifische strukturelle Beschaffenheit, die sowohl die Psyche prägt als auch im Körper repräsentiert ist.

Was entsteht, wenn wir den Fokus also vom Verhalten weglenken und prüfen, was neben den kognitiven Überzeugungen noch alles hilfreich sein könnte? Ich habe diese Frage mit folgenden Leitsätzen untersucht:

Erste Prämisse

Nur weil uns etwas gewohnt und vertraut ist, entspricht dies nicht unbedingt unserer Enneagramm-Struktur. Die rein kognitive Befragung bzw. das Ausfüllen von Tests oder Fragebögen basiert auf einer Selbstwahrnehmung. Ob man mehr mit fremden oder eigenen Inhalten identifiziert ist, kann so nicht deutlich erfasst werden. Wenn man z. B. mit den Überzeugungen seines Vaters stark identifiziert ist oder abgespaltene Gefühle der Mutter so übernommen hat, dass man sie von

---

2 Friedrich Nietzsche, *Die Kunst der Gesundheit*, Verlag Karl Alber, 2002, S. 103.

den eigenen nicht unterscheiden kann, dann erhöht sich die Wahrscheinlichkeit, dass man sich auch mit einer Enneagramm-Struktur identifiziert hat, die nicht die eigene ist. Je stärker diese Identifikation empfunden wird, desto sicherer fühlt es sich an, dass es wirklich das Eigene ist, einfach deshalb, weil man es schon ein Leben lang so gut kennt. Sie wird somit zur Ich-Identität.

Zweite Prämisse

Die Identifikation mit einer fremden Enneagramm-Struktur ist eine Möglichkeit, um in unbewusster Bindung mit einem oder mehreren Familienmitgliedern oder einem anderen System zu bleiben. Wenn das Kind keine adäquate seelische Spiegelung erfährt, es keine adäquate Antwort im Verhalten, in der Interaktion mit der Mutter und/oder dem Vater erlebt, dann stellt sich eine Inkongruenz ein zwischen dem subjektiven Erleben des Kindes und dem, wie es eines oder beide Elternteile erlebt. Das Kind ist aber darauf angewiesen, dass es eine Resonanz erhält, die ihm auf allen drei Ebenen von Körper, Geist und Seele spiegelt, wer es selbst ist. Wenn dies gar nicht, eingeschränkt oder verzerrt funktioniert, bleibt dem Kind oft nur die Möglichkeit, den Eltern ähnlich zu werden, damit es mit ihnen in Verbindung bleiben kann. Die Enneagramm-Struktur automatisch und unbewusst zu spiegeln, ist eine recht komplexe und umfassende Form für diese Bindung. Sehr häufig sind gerade die Enneagramm-Strukturen anderer Personen aus dysfunktionalen Beziehungen verinnerlicht. Dies kann man auch auf starre Glaubenssysteme, politische Systeme, kulturelle Kontexte etc. übertragen.

Dritte Prämisse

Seelisches Leid, Dysfunktionen oder Traumata repräsentieren keine Enneagramm-Struktur. Oft wird seelisches Leid oder eine psychische Dysfunktion mit einer Enneagramm-Struktur gleichgesetzt. Dies hängt damit zusammen, dass das Leid natürlich sehr im Fokus desjenigen ist, dem dies widerfährt. Wenn er dann Beschreibungen entdeckt, die dieses Leid widerspiegeln, tritt zunächst eine Erleichterung ein, denn jetzt erhält das eigene Erleben eine »Zahl« und wird sogar zum Teil eines Modells. Damit werden unter Umständen jedoch auch die Weichen gestellt, diese Dysfunktion als gegeben zu nehmen, was dann auch als unveränderbar erscheint. Übernimmt man nämlich diese Fehllokation und beschäftigt sich mit dieser vermeintlich passenden Enneagramm-Struktur, so zementiert das die Störung zusätzlich. Dies ist dann oft die Ursache dafür, warum Menschen sich von ihrer Enneagramm-Struktur befreien möchten. Denn wenn sie in etwas Dysfunktionalem verhaftet sind, dann ist es natürlich sinnvoll, diese Störung zu verringern oder davon geheilt zu werden.

Vierte Prämisse

Die Enneagramm-Struktur ist eine die Identität unterstützende Ressource. Alle drei Zentren, Bauch – Herz – Kopf, sind Ressourcenquellen. Das Enneagramm bietet hier sehr konkrete Ansätze, sich diese drei Zentren zu erschließen. Die persönliche Struktur ist wie die Homebase anzusehen, das persönliche Betriebssystem, welches diesen Zugang zu den drei Zentren noch spezifiziert. Denn wie ein Mensch sich diese drei Zentren erschließt, hat wiederum mit seiner Struktur zu tun. Somit sehe ich die Enneagramm-Struktur als wertvolle Ressource und als identitätsstärkend an. Es gilt vor allem darin zu wachsen und nicht, sich daraus zu lösen. Bei Menschen mit psychischen Erkrankungen, bei denen die Struktur schwer deformiert ist, wirkt das Zurückfinden in das passende strukturelle Flussbett sehr stärkend und unterstützt seelische Heilungsprozesse.

Diese Prämissen machen deutlich, dass die Enneagramm-Struktur bei vielen Menschen nicht direkt ersichtlich ist, sondern erst erlebbar gemacht werden muss, also unter Berücksichtigung verschiedener Komponenten einer Annäherung von mehreren Seiten bedarf. Im Ergebnis ist die Enneagramm-Struktur immer in einen sehr persönlichen Kontext zu setzen und so kann es sein, dass man erst einmal mehr Information über eine Person und ihre ganz spezifischen Lebensumstände erfassen muss, um die Aspekte, die einem begegnen, auch einordnen zu können.

Deshalb gliedert sich eine Enneagramm-Struktur-Bestimmung immer in zwei Teile. In einem Teil wird mittels Interview nach relevanten Glaubenssätzen gefragt. Dieses Interview basiert auf der Grundlage von Körperresonanz und emotionalem Geschehen. Im anderen Teil der Bestimmung wird dann anhand der Aufstellung der drei Zentren Bauch – Herz – Kopf gearbeitet, um den Körper in den Prozess mit einzubeziehen. Diese Aufstellungsarbeit eignet sich auch hervorragend, um biographische Themen, Traumata etc. von der Enneagramm-Struktur evident abzugrenzen.

Enneagramm – Das Drei-Zentren-Modell

Das Enneagramm bezeichne ich als Drei-Zentren-Modell. Der Grundgedanke ist hierbei: Für jeden Menschen gibt es in einem der drei Zentren eine primäre Verankerung, also entweder im Kopf, im Herz oder im Bauch. Eines der drei Zentren ist folglich der Startpunkt, von dem aus sich die anderen Zentren erschließen. Dieser Startpunkt bildet die Grundlage für die Persönlichkeitsstruktur und beschreibt die Primärenergie.

Diese Primärenergie wirkt dabei als Betriebssystem in der psychischen Struktur des Menschen. Das bedeutet, dass bei jedem Menschen das Senden und Empfangen von Informationen zu einem großen Teil durch den Filter seines jeweiligen Primärenergie-Zentrums läuft. Dies geschieht völlig unbewusst, denn der Filter ist meist aktiv und wirkt ganz selbstverständlich. Als Drei-Zentren-Modell zeigt das Enneagramm auf, in welcher Reihenfolge die beiden nachfolgenden Zentren aktiviert und eingesetzt werden können.

Ist eines der drei Zentren über- oder unterrepräsentiert, oder gar toxisch oder infiziert, so führt dies automatisch zu einer Überlastung oder Blockierung der anderen Zentren. Das Bild vom Motor mit seinen Zylindern macht dies am deutlichsten: Der Mensch hat also drei Zylinder, auf denen er »läuft«. Er kann auf keinen dauerhaft verzichten, ohne psychisch und/oder physisch Schaden zu nehmen. Das Modell Enneagramm geht davon aus, dass die drei Zentren der Wahrnehmung und Aufmerksamkeit: Bauch – Herz – Kopf, im Menschen auch als Grundlage für die Ausbildung der Persönlichkeitsstruktur dienen. Diese drei Zentren werden als Grundenergien bezeichnet. Jede Grundenergie steht für ein Grundthema. Das Grundthema resultiert aus der spezifischen Beschaffenheit der Grundenergie.

Der Bauch ist das älteste und instinkthafteste Zentrum im Menschen. Wie aus dem Tierreich bekannt, geht es hier um Impulse, die das Territorium betreffen, den Raum, den sich jedes Tier sichert. Dieses Zentrum existiert auch im Menschen und lässt uns Entscheidungen »aus dem Bauch heraus« fällen. Dies ist ein Hinweis darauf, dass unbewusste, instinkthafte Entscheidungskriterien mit beteiligt sind.

Das Herz steht für das Thema Kontakt und Beziehung. Hier ist es wesentlich, sich auf die eigene Wahrnehmung verlassen zu können. So ist es möglich, dass man schnell einen Eindruck gewinnt, ob man jemanden z. B. als sympathisch oder unsympathisch empfindet. Meist ist diese Reaktion so schnell zu beobachten, dass sie nicht alleine über den Verstand gelaufen sein kann.

Der Kopf ist als Wahrnehmungs-Zentrum im Leben klar erkennbar und definiert. Hier entstehen Überblick und Orientierung auf Grundlage von Gedanken und rationalen Überlegungen. Informationen werden kognitiv gesammelt und verarbeitet.

Wahrnehmungsübung

Damit Sie die drei Zentren wahrnehmen können, sei Ihnen hier schon eine kleine, einfache Übung empfohlen. Das einzig Wichtige ist hierbei, dass Sie sich keine Mühe geben, denn Bemühung ist eine Leistung, die verhindert, dass sich das einstellen kann, was gerade ist. Es soll nichts Bestimmtes dabei herauskommen, sondern Ihnen soll ein gezielter Zugang zu Ihrem Körper möglich werden.

Hier gelten zwei Grundsätze: »Die Verringerung der inhaltlichen Information erhöht die Wahrnehmungsfähigkeit« und »Weg von Bedeutungsvorstellungen hin zur reinen Wahrnehmung«.[3]

1) Stellen Sie sich hin und gehen Sie mit der Aufmerksamkeit und Wahrnehmung in Ihren Bauchraum. Atmen Sie in diesen und lassen Sie sich etwas Zeit. Dann stellen Sie sich diese einfachen Fragen: Wenn der Bauch direkt kommunizieren würde, wie würde er sich ausdrücken? Wie spüren Sie den Bauch? Seien Sie nicht zu ungeduldig. Sie können den Bauch fragen, wie viel Raum er zur Verfügung hat. Wie sehr darf er sich ausdehnen? Wie weit reicht die Wahrnehmung für den Bauchraum? Oft meldet sich der Bauch über eine körperliche Reaktion in diesem Bereich, manchmal gluckert es oder er knurrt sogar. Dies wäre z. B. eine Äußerung des Bauchraumes. Wenn Sie im Bauchraum nichts spüren, so ist das auch schon ein Unterscheidungsvermögen. Jedes Nichts kann ein Etwas sein. Im Alltagsmodus haben Sie diese spezielle Wahrnehmung meist so nicht. Es können Empfindungen wie Enge, Fesselung, einziehender Bauch, starkes Ausdehnen des

[3] Zitate Matthias Varga von Kibéd, Seminar Traumstrukturaufstellungen, Syst. Institut 12/2012.

Bauchraumes, Wärme, und vieles mehr auftreten. Allem, was sich da meldet, geben Sie einfach Aufmerksamkeit und eine Einladung, sich noch deutlicher zu zeigen. Da es um das Zentrum geht, welches für Raum steht, ist es sinnvoll, hier auch Raum für auftretende Empfindungen anzubieten.

2) Als zweites Zentrum aktivieren Sie den Herzbereich. Richten Sie hier den Fokus mit der Aufmerksamkeit und der Atmung auf das Herz. Lassen Sie sich etwas Zeit und stellen Sie sich die Frage: Wenn das Herz mir etwas mitteilen würde, was würde es zu mir sagen? Stellen Sie sich vor, dass Sie mit dem Herzen in Kontakt gehen, eine Beziehung herstellen. Vielleicht taucht auch vor Ihrem geistigen Auge ein Bild auf, wie Ihr Herz aussieht, welche Farbe es momentan hat. Welche Gefühle können Sie hier wahrnehmen? Vielleicht nehmen Sie auch nur den Schlag Ihres Herzens war, daran können Sie erkennen, dass Sie in Kontakt mit dem Herzen sind. Auch hier gilt, dass die Abwesenheit z. B. von Gefühlen auch etwas ist. Die Art der Mitteilung kann sehr unterschiedlich sein. Wenn Ihr Herz nichts sagt, dann können Sie vielleicht spüren, in welcher Verfassung es sich befindet. Es kann sein, dass Sie nur ganz schwach etwas spüren, einen Hauch von einem Gefühl, eine leise Regung. Es kann auch das Gegenteil eintreten, Gefühle überfluten Sie geradezu. Wenn möglich, bleiben Sie mit diesem Gefühl für einen Moment und gehen damit in Kontakt, was das Herz hierüber an Sie ausdrücken möchte.

3) Jetzt können Sie die Aufmerksamkeit in den Kopf lenken, nur den Kopf, als ob er wie eine leuchtende Kugellampe oben auf ihrem Hals sitzt. Nehmen Sie die Atmung zu Hilfe, vielleicht auch die Vorstellung, dass der Atem wie ein frischer Pfefferminzhauch durch Ihren Kopf streift. Unterstützend kann sein, durch die Nase ein und auszuatmen. Wenn Sie hier die Frage stellen, was der Kopf mitteilen würde, so kann es sein, dass sich viele Gedanken melden. Lassen Sie diese mit dem Atem einfach durch sich hindurchstreifen und fragen dann den Kopf, wie es ihm denn geht, ob er z. B. überlastet ist oder unterfordert. Oft kreisen im Kopf viele Gedanken, aber wenn es ihnen gelingt, nicht mit diesen zu kreisen, sondern dieses Kreisen nur zu beobachten, haben Sie schon etwas Platz im Kopf geschaffen. Bei vielen Gedanken oder vor allem Grübelgedanken können Sie sich einfach

vorstellen, dass diese durch ein Ohr abfließen können. Meist kommen sie durch das andere Ohr schnell wieder herein, dann kann man sich vorstellen, wie dieser Strom an Gedanken hinein-, aber auch wieder hinausfließt.

Es ist empfehlenswert, diese drei Durchgänge mehrmals zu wiederholen, denn meist verändert sich an einem oder mehreren Zentren etwas. Diese Übung kann etwas über Ihr Primärzentrum aussagen, muss aber nicht. Vielmehr wird anhand dieser Übung deutlich, wie gerade die Verfassung der drei Zentren bei Ihnen ist. Sie dient somit der Bestandsaufnahme Ihrer persönlichen Befindlichkeit und gibt Hinweise darüber, wie zugänglich die drei Zentren für Sie gerade sind.

Bei jedem Menschen dominiert eine der Grundenergien und ist somit die Grundlage für seine psychische Struktur. Das entsprechende Verarbeitungs-Zentrum steht im *ersten Rang* und wird somit zum *Primärzentrum*. Dieser erste Rang meint die Bedeutung des Zentrums und nicht den Ressourcenstand.

Menschen, die in der Bauchenergie primär verankert sind, haben das Thema *Raum/Autonomie* im ersten Rang.

Menschen, die in der Herzenergie primär verankert sind, haben das Thema *Beziehung/Kontakt* im ersten Rang.

Menschen, die in der Kopfenergie primär verankert sind, haben das Thema *Sicherheit/Orientierung* im ersten Rang.

Die Triade – Das innere Dreieck des Enneagramms

Die Triade repräsentiert die drei zentralen menschlichen Bedürfnisse. Diese drei Grundbedürfnisse – *Sicherheit, Autonomie* und *Beziehung* – sind gleichzeitig auch Oberbegriffe, in denen sich die meisten Interessen von Menschen widerspiegeln. Die Darstellung der drei Grundbedürfnisse in einem Dreieck ist dabei kein Zufall, sondern bietet die Grundlage der Ein- und Zuordnung der neun Strukturen und deren Beziehung zueinander im Rahmen des Enneagramm-Modells.

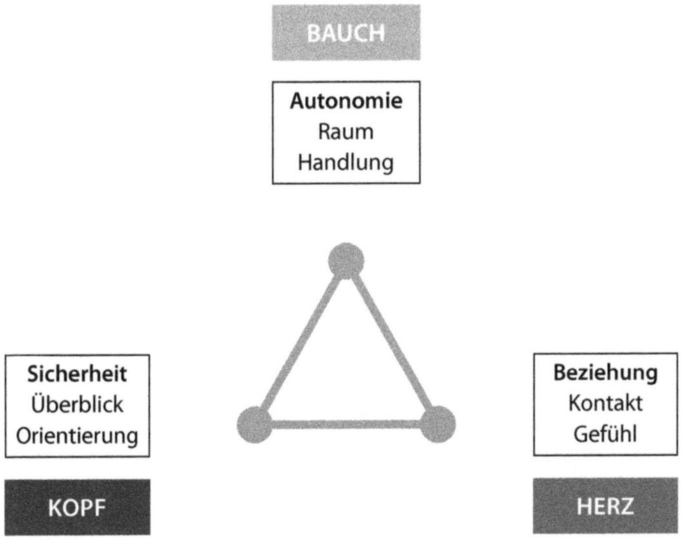

Abb. 2: Triade

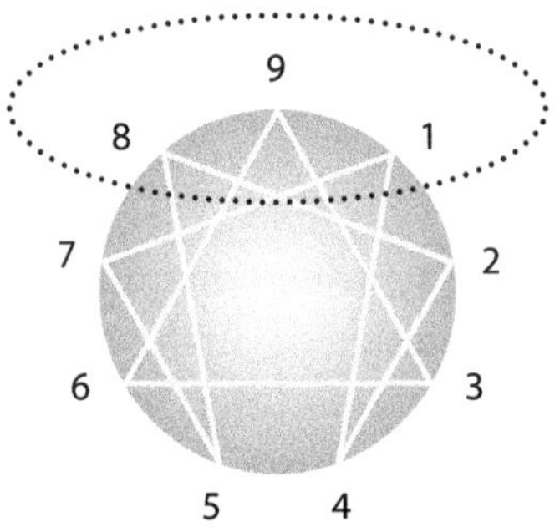

Abb. 3: Struktur 8–9–1

Das *Bauch-Zentrum* wird durch die *Strukturen 8–9–1* repräsentiert. Die Bauchenergie ist eine territoriale, instinkthafte Energie und damit die ursprünglichste Energieform. Menschen, die von dieser Grundenergie als Primärenergie geprägt sind, sind in ihrer psychischen Grundstruktur mit den Themen Territorium und Raum beschäftigt. Auf vielfältige Weise durchdringen diese Themen die Aufmerksamkeit und Wahrnehmung. Die zentrale und oft auch unbewusste Fragestellung lautet hier: »Was ist mein Raum, meine Autonomie, was ist der Raum von Anderen und wie wirkt sich das auf meinen Raum aus?«

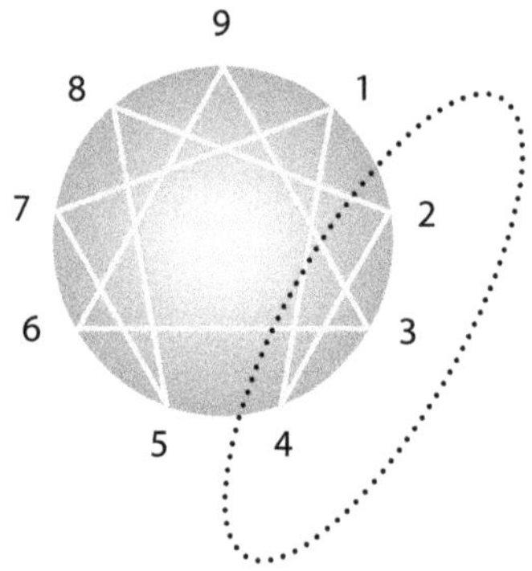

Abb. 4: Struktur 2–3–4

Das *Herz-Zentrum* wird durch die *Strukturen 2–3–4* repräsentiert. Die Herzenergie steht für den emotionalen Bereich, hier geht es um Beziehung und Kontakt. Deshalb ist die Aufmerksamkeit primär auf das Thema Interaktion ausgerichtet. Unabhängig davon, ob eine engere Beziehung zu jemandem gewünscht ist oder nicht und ob eine Interaktion tatsächlich stattfindet oder nicht: Aufmerksamkeit und Wahrnehmung sind automatisch auf Kontakt ausgerichtet. Bei Menschen mit dieser Primärenergie geht es zentral um das Geliebtwerden, In-Kontakt-Sein und Anerkanntwerden. Die zentrale und oft auch unbewusste Fragestellung lautet hier: »Wie stehe ich in Beziehung zu anderen und welche Qualität hat der Kontakt?«

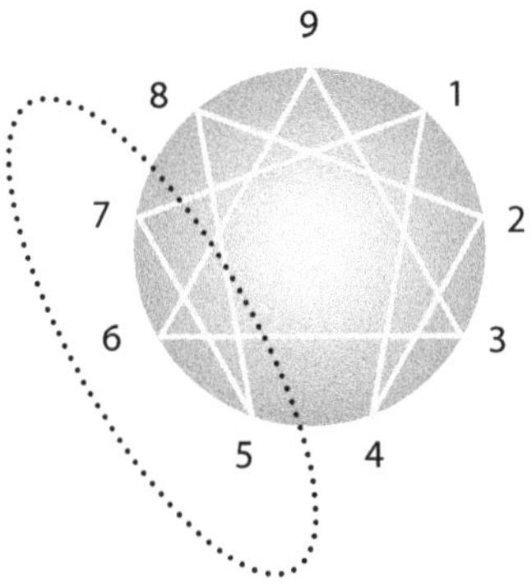

Abb. 5: Struktur 5–6–7

Das *Kopf-Zentrum* wird durch die *Strukturen 5–6–7* repräsentiert. Wer in der Kopfenergie beheimatet ist, für den sind die Themen Sicherheit und Orientierung von grundlegender Bedeutung. Ein Mensch mit dieser Primärenergie wird immer auf unterschiedliche Weise die Themen Sicherheit und Überblick im Fokus haben. Dadurch richten sich Aufmerksamkeit und Wahrnehmung auf diese Bereiche und die zentrale und oft auch unbewusste Fragestellung lautet hier: »Wie kann ich sicherstellen, dass ich den Überblick nicht verliere?«

Wenn Sie jetzt diese drei Beschreibungen von Bauch – Herz – Kopf gelesen haben, dann werden die meisten von Ihnen äußern, dass für sie alle drei Bereiche wichtig sind bzw. diese drei Zentren je nach Lebenssituation gefordert waren. Es wäre merkwürdig, wenn es anders wäre, denn alle Menschen haben diese drei Zentren und verknüpfen damit Themen in ihrem Leben. Welches der drei Zentren Ihr Betriebssystem bildet, ist jedoch eine tiefer führende Frage. Hier könnte man sagen, es ist der Grundton, der in Ihrem Leben schwingt, denn da Sie dieses Betriebssystem schon Ihr Leben lang haben, ist es möglich, dass Ihnen das »ganz normal« vorkommt, denn Sie kennen es nicht anders. Biographische Erlebnisse und Menschen, die Ihnen im Leben begegnet sind, können den Fokus dafür schaffen, dass besonders ein Zentrum bei Ihnen im Mittelpunkt steht. Dies kann, muss aber nicht mit Ihrer Enneagramm-Struktur korrelieren.

Auch hier möchte ich Sie einladen, eine kleine Übung zu machen und innezuhalten. Sie können dadurch einen tieferen Zugang zu diesen drei Grundbedürfnissen erhalten und erleben, was sie in Ihrem persönlichen Kontext bedeuten.

Reflexionsübung

Vergegenwärtigen Sie sich diese drei Begriffe: Autonomie, Sicherheit, Beziehung. Was meinen Sie, wie sehr Sie diese drei zentralen Aspekte in ihrem Leben aktiviert und integriert haben? Stellen Sie sich die Beziehung zu Ihrem Partner, einem Ihrer Kinder oder zu einer anderen nahestehenden Person vor. Wie würden Sie die Beziehung zu diesen Personen anhand der Triade einschätzen? Wie viel von welchem Zentrum bieten Sie an? Wo würden Sie selbst gerne mehr oder auch weniger bekommen? Sie können sich selbst fragen: Welches dieser drei Zentren steht bei mir aktuell im ersten Rang? Welches im zweiten Rang und welches im dritten Rang? Dies muss nicht Ihrer Enneagramm-Struktur entsprechen. Dann befragen Sie jemanden, der Ihnen ein Feedback dazu gibt.

Alternativ: Denken Sie an Ihre Arbeit, das Unternehmen, in dem Sie z. B. tätig sind. Was meinen Sie, wie stark die drei Zentren in ihrem Arbeitsleben repräsentiert sind? Kopf: Ist ausreichend Sicherheit und Orientierung vorhanden, was Ihren Arbeitsplatz, ihre Arbeitsplatzbeschreibung, die Abläufe, Handlungsanweisungen, Richtlinien betrifft, oder gibt es da vielleicht auch eine Über- oder Unterforderung? Bauch: Wie sieht es mit Handlungsspielräumen aus, der persönlichen Freiheit, Gestaltungsmöglichkeiten, Selbstständigkeit? Herz: Wie ist das Verhältnis unter Kollegen, im Team, zum Chef oder Vorgesetzten? Welchen Wert stellt das Betriebsklima dar? Wie ist der kollegiale Austausch?

Generell gilt, wenn eines der Zentren unter- oder überrepräsentiert ist, dann beeinträchtigt das meist die anderen beiden Zentren auch. So kann ein schlechtes Betriebsklima die Folge von zu wenig Angebot am Punkt Sicherheit/Orientierung sein, denn wenn z. B. keiner weiß, was eigentlich seine Aufgaben sind, kann das zu tiefen Konflikten führen.

Die drei Reaktionsprinzipien: Angriff – Flucht – Erstarrung

Im Enneagramm werden die drei Zentren weiter in drei Reaktionsprinzipien differenziert, und zwar in die drei Reaktions-Möglichkeiten des Stammhirns: Angriff, Flucht und Erstarrung, die ich als drei Aggregatzustände bezeichne, weil sie so wertfrei betrachtet werden können.

Beispiel Wasser: Wasser existiert als Wasserdampf *(Flucht)*, als Eis *(Erstarrung)* und als strömendes Wasser *(Angriff)*. Niemand würde auf die Idee kommen, darin eine Wertung zu sehen, außer wenn die Scheiben am Auto morgens vereist sind. Das ist ein wichtiger Aspekt, um sich diese drei Begriffe zu erschließen, denn allzu schnell assoziiert man mit den Begriffen auch Eigenschaften oder Motive. Die Aggregatzustände haben aber nichts mit Feigheit, Trägheit oder Angriffslust zu tun, sondern meinen eine strukturelle Beschaffenheit der Reaktionen. Das Eis, der Wasserfall oder der Wasserdampf stellen keine Wertekategorie des Wassers dar, sondern lediglich seine unterschiedlichen Aggregatzustände. Sich von der Wertung zu lösen, ist im realen Leben oft recht schwierig, da man diese Begriffe ja durchaus auch wertend benutzt. Jemand ist z. B. immer auf Angriff aus oder jemand ist doch total stur oder flieht vor sich selbst, das sind alles Aussagen, die diesen drei Begriffen eine gewisse urteilende Färbung geben. Die drei Reaktionsprinzipien als Aggregatzustände zu bezeichnen, unterstützt dabei, sich zu vergegenwärtigen, wie die Primärenergie in ihrem jeweiligen Aggregatzustand genau beschaffen ist, ohne dabei Werte zu assoziieren.

Fallbeispiel: Ein Seminarteilnehmer kam ursprünglich mit der Enneagramm-Struktur 3 – Herz/Erstarrung. Im Verlauf des Seminars zeigte sich, dass er in der Enneagramm-Struktur 2 – Herz/Strömen – verankert war. Seine Hypothese war, dass er durch seine persönliche Weiterentwicklung diesen Aggregatzustand geändert hätte. Das würde implizieren, dass strömende Herzenergie eine Weiterentwicklung von erstarrter Herzenergie wäre. Dem ist natürlich nicht so. Alle Menschen können ein strömendes Herz, einen gut ausgedehnten Bauch und einen klaren Kopf haben. Es geht vor allem um den natürlichen, werteneutralen Zustand der gegebenen Reaktionsprinzipien, welche sowohl Potenziale als auch Begrenzungen beinhalten.

Die Aggregatzustände Angriff, Flucht und Erstarrung sind den drei Energiezentren Bauch, Herz und Kopf zugeordnet. Jede der drei Grundenergien existiert in den drei unterschiedlichen Formen bzw. Aggregatzuständen. Daraus ergeben sich die neun Enneagramm-Strukturen (siehe $3 \times 3 = 9$). Da Bauch, Herz und Kopf jeweils für sich gesehen unterschiedliche Energien haben, ist jetzt auch die Verknüpfung von Primärenergie mit dem jeweiligen Aggregatzustand für alle neun Strukturen in einen spezifischen Begriff zu fassen.

Angriffsprinzip

Das Energiezentrum ist stark ausgebildet und ausgedehnt und deshalb meist in der Wirkung auf die Umwelt deutlich zu spüren. Die *expansive Bauchenergie (Struktur 8)* ist ausgedehnt und wirkt stark räumlich und körperlich. Die *strömende Herzenergie (Struktur 2)* ist zu spüren durch eine starke Ausrichtung auf das Gegenüber. Die *ausgedehnte Kopfenergie (Struktur 5)* ist oft an der überdeutlichen Präsenz der Inhaltsebene zu erkennen. Die energetische Ausprägung des Kopfes ist stark, wie ein Dauerleuchten des Kopfes.

Erstarrungsprinzip

Das Energiezentrum ist erstarrt, sozusagen im Öko-Betrieb. Das heißt, es ist nicht so stark in seiner Wirkung zu spüren. Jedoch geht es genauso um das Grundthema. Es ist wiederum energiespezifisch, wie sich das jeweilige Erstarrtsein der Energie auswirkt. Erstarrung meint hier keinen Zustand von Abspaltung oder Dissoziation. Denken Sie wieder an das Wasser im Zustand von Eis: physikalisch/chemisch gesehen ist das ein Aggregatzustand und keine Störung. Die *gedämpfte Bauchenergie (Struktur 9)* ist weich, ausgedehnt und konturlos. Die *temperierte Herzenergie (Struktur 3)* hat beim Grundthema Kontakt oft die eigene Wirkung auf andere im Fokus. Die *um sich kreisende Kopfenergie (Struktur 6)* sucht auf diese Weise Orientierung.

Fluchtprinzip

Die Form des Fluchtprinzips ist unterschiedlich und entspricht der spezifischen Beschaffenheit der jeweiligen Energie. Die *abgespaltene Bauchenergie (Struktur 1)* entlädt sich oft nur punktuell. Die *nach innen gekehrte Herzenergie (Struktur 4)* ist auf das Selbst gerichtet und sehnt sich mehr nach Kontakt, als das er real stattfindet. Die *flüchtige Kopfenergie (Struktur 7)* richtet sich ganz nach außen.

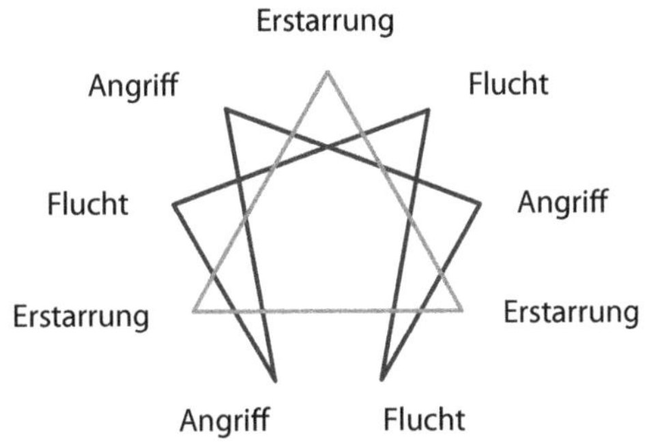

Abb. 6: Grafische Darstellung der drei Reaktionsprinzipien

Symbolhafte Erläuterung

Da es für das Verständnis der Funktion der Enneagramm-Strukturen wichtig ist zu erfassen, was es mit den unterschiedlichen Aggregatzuständen auf sich hat, hier noch eine bildhafte Erläuterung. Die Energien lassen sich unterteilen in:

Angriff → Strukturen 2 – 5 – 8, frei fließende Energie
Erstarrung → Strukturen 3 – 6 – 9, verhaltene Energie (»Öko-Betrieb«)
Flucht → Strukturen 1 – 4 – 7, sich vom Primärzentrum wegbewegende Energie

Diese drei Energieformen manifestieren sich in den drei Energiezentren Bauch – Herz – Kopf unterschiedlich. Dabei lässt sich die Qualität der Bauchenergie am besten räumlich beschreiben, die Qualität der Herzenergie hingegen am besten mit Wärme und die Qualität der Kopfenergie mit Licht. Folgende Begriffe hat mir Corina Feil freundlicherweise zur Verfügung gestellt:

Angriff – frei fließende Energie
Struktur 2: *Kaminfeuerwärme* – abstrahlende Wärme auf das Gegenüber
Struktur 5: *OP-Leuchte* – klares und helles Licht
Struktur 8: *Meereswoge* – um sich greifend und mit sich ziehend

Erstarrung – verhaltene Energie
Struktur 3: *Thermostat* – wohltemperierte Wärme
Struktur 6: *Warnleuchte* – oszillierendes On und Off des Lichts
Struktur 9: *Sprühnebel* – feinste Partikel versprühend und alles umhüllend

Flucht – sich vom Primärzentrum wegbewegende Energie
Struktur 1: *Druckleitung* im Wasserkraftwerk – sich impulshaft entladend
Struktur 4: *Speicherofen* – Wärme in Isoliergefäß/Körper leitend
Struktur 7: *Sternschnuppen* – schnelle, eindrückliche Lichterscheinungen

Das Vier-Säulen-Modell

In der Einführung habe ich erläutert, dass Verhaltensweisen nur bedingt auf eine Enneagramm-Struktur verweisen. Wenn ich aber aus dem Verhalten keine sicheren Schlüsse auf die Enneagramm-Struktur ziehen kann, was hat dann Relevanz? Woran kann man sich sicher orientieren, um nicht durch erlernte oder übernommene Verhaltensweisen o. ä. auf die falsche Fährte gelockt zu werden?

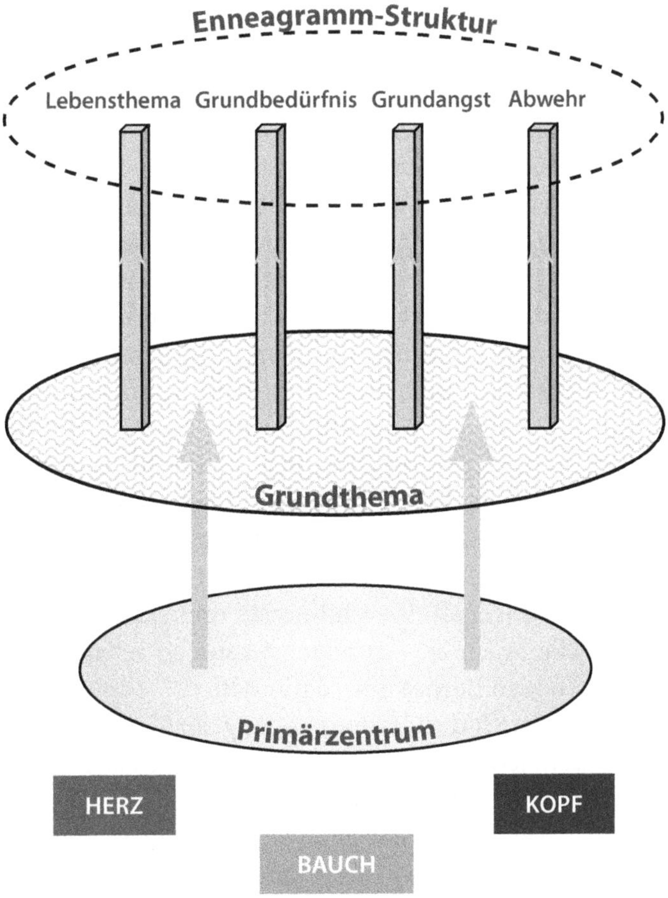

Abb. 7: Vier-Säulen-Modell

Struktur heißt die Art und Weise, wie Aspekte zusammenhängen. Jede einzelne der neun Strukturen sockelt auf vier Säulen, die alle repräsentiert sein müssen, um eine Enneagramm-Struktur sicher zu erkennen und zu bestimmen. Ganz wesentlich ist jedoch der Sockel, auf dem die Säulen basieren. Die vier Säulen sind das Resultat der spezifischen Beschaffenheit der jeweiligen Enneagramm-Struktur. Diese Begriffe sind jedoch nur die Beschriftung für eine Tür, die man durchschreiten muss, um im dahinterliegenden Raum die ganz individuelle Ausprägung zu entdecken. Wenn man sich den Begrifflichkeiten nähern möchte, so ist es hilfreich, die eigenen Assoziationen zu diesen Begriffen hintenanzustellen. Jeder von uns verknüpft mit Wörtern seine eigene Bedeutung, die aus unterschiedlichen Quellen gespeist sein kann. Die Begriffe im Kontext des Enneagramms bedürfen eines Verständnisses der strukturellen Beschaffenheit, aus der diese Begriffe resultieren.

Diese vier Säulen wachsen auf dem Boden der Primärenergie und dem dazugehörigen Grundthema. Erst das Zusammenspiel dieser verschiedenen Komponenten ergibt die erkennbare Struktur. Man könnte die vier Säulen als ein Gewebe ansehen und der rote Faden wäre dann das Lebensthema, der das Leben durchwirkt. Jedoch ist dieser rote Faden nicht immer gleich zu erkennen im Knäuel der Lebenserfahrungen. Wichtig hierbei ist zu verstehen, dass das Lebensthema seine Relevanz entweder dadurch zeigen kann, dass es ständig ausgelebt wird, oder es kann auch dadurch zum Ausdruck kommen, dass es ständig vermieden wird. Man könnte das Lebensthema auch als den Zustand sehen, welcher latent immer vorhanden ist.

Die strukturspezifische Grundangst ist hingegen die Stelle, an der die jeweilige Enneagramm-Struktur am empfindlichsten ist. So wie die meisten Menschen die Lebensthemen aller neun Enneagramm-Strukturen kennen und in sich tragen, kennen die meisten Menschen auch alle der neun Grundängste. Die strukturell bedingte Grundangst ist jedoch die schlimmste und schmerzlichste Erfahrung bzw. die Sollbruchstelle. Auch die Grundangst kann so vermieden werden, dass man unter Umständen kein Bewusstsein dafür hat.

Das Grundbedürfnis stellt die Gegenbewegung zur Grundangst dar. Es ist ein natürliches Bedürfnis in jeder Enneagramm-Struktur, das unterstützend und hilfreich ist, das Grundthema eines der drei Zentren – also Kontakt, Sicherheit oder Autonomie – in der jeweiligen Ausprägung sicherzustellen. Die Abwehr stellt sicher, dass die Funktionalität erhalten bleibt, und ist selbst eine strukturspezifische Sicherung für die Psyche. So resultiert aus der strukturellen Beschaffenheit von Bauch, Herz oder Kopf im jeweiligen Aggregatzustand Angriff, Flucht oder Erstarrung das Lebensthema als natürliche Folge. Grundbedürfnis und Grundangst entstehen aus dem Potenzial und der Begrenzung des Lebensthemas. Die Abwehr wiederum ist auch die Folge der strukturellen Beschaffenheit.

Das Zusammenspiel dieser vier Komponenten in der Färbung durch das Primärzentrum und das daraus resultierende Grundthema ergibt die essenzielle Atmosphäre einer Enneagramm-Struktur. Beim Erkennen einer Enneagramm-Struktur kommt es also vor allem darauf an, die Atmosphäre einer Struktur zu verstehen, zu begreifen und zu erfühlen.

Wenn ich behaupte, dass die Themen der jeweiligen Enneagramm-Persönlichkeits-Strukturen eine Folge der entsprechenden Energieform sind und aus ihr gespeist werden, wie kann man sich das vorstellen? Dazu ist es notwendig, sich nicht nur geistig, sondern auch emotional und mit der Körperwahrnehmung in die jeweilige Struktur hineinzubegeben. Da wir alle in uns diese drei Zentren haben und auch alle drei Aggregatzustände, ist es sowohl theoretisch als auch praktisch möglich, für eine gewisse Zeit die Färbung einer anderen Struktur anzunehmen. Manche Menschen verbringen in dieser fremden Struktur unter Umständen viele Jahre, das erfordert aber einen erheblichen energetischen Einsatz.

Es gibt immer wieder Situationen in unserem Leben, in denen wir eine der neun Strukturen aktivieren, weil es als Lösungs- und Bewältigungsstrategie sinnvoll ist. Dies gilt es von der persönlichen strukturellen Beschaffenheit her zu unterscheiden. Strukturelle Beschaffenheit meint, welche Enneagramm-Struktur Sie persönlich haben. Ich bezeichne diese Beschaffenheit als Betriebssystem, sie ist immer vorhanden und mehr oder minder unbewusst aktiv. Selbstverständlich kann man jedes der Zentren auch bewusst im jeweiligen Aggregatzustand aktivieren. Ein Beispiel: Kopf hoch, Brust raus, Bauch rein! – Damit ist meist eine selbstbewusste, durchsetzungsfähige Haltung gemeint. Dies ist ein Beispiel dafür, wie man versucht, durch eine Körperhaltung einen psychischen Zustand herzustellen.

In der Wahrnehmungsübung zu den drei Zentren Bauch – Herz – Kopf konnten Sie schon Erfahrungen sammeln, wie diese Zentren aktiviert werden können. Jetzt gehen wir gezielter vor und aktivieren die unterschiedlichen Zustände des jeweiligen Zentrums.

Wahrnehmungsübung II – Eine Reise durch alle neun Strukturen

Wie in der ersten Übung konzentrieren Sie sich wieder auf das jeweilige Zentrum. Wir starten mit dem Bauch-Zentrum. Nehmen Sie den Atem zu Hilfe, damit Sie Ihre Wahrnehmung, Aufmerksamkeit und Ihren Fokus in den Bauchraum lenken können. Lassen Sie sich ein paar Momente Zeit, damit Ihr Fokus sich nicht nur auf den Bauch richtet, sondern dort auch ankommt. Manchmal ist es auch hilfreich, die ganze Energie in den Bauch sacken zu lassen. Eventuell sinken Sie dabei etwas ein oder auch das Gegenteil passiert, Sie dehnen sich mehr aus, werden größer. Hilfreich ist es immer, alles, was im Körper passiert, erst mal so hinzunehmen.

Bauch

Bauch, expansiv – Reaktionsprinzip Angriff (Struktur 8): Meereswoge
Sie dehnen die Bauchenergie aus, sowohl nach vorne als auch ringsherum. Vielleicht hilft Ihnen die Vorstellung, dass Sie um diese ausgedehnte Bauchenergie einen Schutzwall ziehen. Das kann z. B. eine Mauer mit Zinnen sein. Vielleicht hilft Ihnen auch die Vorstellung, Sie hätten einen Schwimmring um sich herum, der mit dieser Energie gefüllt ist. Diese Form der Bauchenergie ist dicht und die Grenzen sind deutlich zu spüren.

Bauch, gedämpft – Reaktionsprinzip Erstarrung (Struktur 9): Sprühnebel
Sie gehen wieder mit der Aufmerksamkeit in den Bauchraum. Ganz leicht nur, mit wenig Anstrengung. Versuchen Sie, dabei ganz leer zu werden. Stellen Sie sich jetzt vor, dass die Bauchenergie wie Nebel, Dampf oder feine Partikel aus dem Bauchraum heraustritt und sich um Sie herum verteilt. Sie können ausprobieren, wie sehr Sie den Raum damit füllen können. Die eigenen Konturen werden weich und unscharf, sodass der Übergang zwischen Außen und dem eigenen Körper fließend wird. Sollten Sie sich davon leicht benebelt oder schwammig fühlen, dann sind Sie genau in diese Energie eingetaucht.

Bauch, abgespalten – Reaktionsprinzip Flucht (Struktur 1): Druckleitung/Wasserkraftwerk

Sie lenken Ihre Aufmerksamkeit wieder in den Bauchraum. Stellen Sie sich jetzt vor, Sie hätten auf Höhe des Zwerchfells/Solarplexus eine Platte eingezogen. Stellen Sie sich diese Platte genau vor, diese kann aus Metall, Beton, Gummi etc. sein. An der Stelle des Solarplexus ist eine kleine Öffnung, nur an dieser Stelle kann die Bauchenergie nach oben entweichen. Spüren Sie nach, was in ihrem Körper entsteht, wenn Sie in dieser Haltung sind. Oft ist eine Aufrichtung zu spüren, ein säulenartiges Gefühl in der Körpermitte. Achten Sie darauf, wie die Bauchenergie aufsteigt und bis an welche Stelle in ihrem Körper Sie diese Energie spüren können. Manchmal verändert sich die Atmung dadurch, wird etwas gehaltener oder stockt.

Herz

Jetzt wechseln Sie in die Atmosphäre der Herzenergie. Lassen Sie sich dafür etwas Zeit, um mit Ihrem Herzen Kontakt aufzunehmen. Spüren Sie zum Herzbereich hin und vielleicht können Sie dort eine andere Qualität wahrnehmen. Der Brustraum ist naturgemäß nicht so ausgedehnt wie der Bauchraum. Gehen Sie ganz explizit mit dem Herzen in Kontakt. Lassen Sie sich auch hier etwas Zeit, damit Sie mit diesem Zentrum in Kontakt kommen. Vielleicht unterstützt Sie die Vorstellung, dass Ihre ganze Energie und Aufmerksamkeit sich in diesem Zentrum bündelt.

Herz, strömend – Reaktionsprinzip Angriff (Struktur 2): Kaminfeuer

Ihre Aufmerksamkeit richtet sich auf den Herzbereich. Stellen Sie sich vor, dass Sie diesen Bereich weiten, so als ob Sie eine Tür öffnen oder einen Vorhang wegschieben. Das Herz pulsiert und ist warm und strömend zu spüren. Wenn Sie diese Wärme spüren, legen Sie Ihre Hand auf den Herzbereich, dann können Sie diese Herzenergie durch die Finger nach außen dringen lassen, sodass dieser Strom sich auch auf andere bezieht und andere Menschen erreicht. In diesem Modus können Sie dies noch besser spüren, wenn Sie direkt in Kontakt mit einer anderen Person gehen. Vielleicht können Sie auch die Empfindsamkeit/Berührbarkeit spüren, die das warme strömende

Herz erzeugt. Sie können jetzt die Hände nach vorne öffnen, hin zum anderen, zur Welt, damit die Herzenergie einen Kanal hat, durch den sie fließt.

Herz, erstarrt – Reaktionsprinzip Erstarrung (Struktur 3): Thermostat, geregelt
Sie gehen wieder mit der Aufmerksamkeit ins Herz. Diesmal ist das Herz wohltemperiert. Es hat circa 37 Grad und fühlt sich weich und geschmeidig an. Nehmen Sie mit diesem Zustand der Herzenergie Kontakt auf. Das Herz ist vielleicht nicht ganz so zugänglich oder nur schwach zu spüren, trotzdem ist es angenehm. Stellen Sie sich ein leichtes Pulsieren vor. Wenn Sie jetzt die Hand auf Ihr Herz legen, können Sie vielleicht spüren, wie ein warmer Hauch zwischen den Fingern hervordringt und möglicherweise beim Gegenüber kaum noch zu spüren ist, bis er ankommt.

Herz, nach innen gekehrt – Reaktionsprinzip Flucht (Struktur 4): Speicherofen
Die Aufmerksamkeit wird in den Herzbereich gelenkt. Stellen Sie sich vor, das Herz wäre ganz weit innen in Ihrem Körper. Sie spüren seine Wärme noch, vielleicht ist es aber auch wie eine Auster ganz geschlossen. Bleiben Sie mit der Wahrnehmung in diesem Aggregatzustand des Herzens. Konzentrieren Sie sich ganz auf dieses tief innenliegende Herz. Spüren Sie der Wärme nach und vielleicht können Sie wahrnehmen, dass die Herzenergie innen bleibt und den Innenraum ausfüllt.

Kopf

Die Aufmerksamkeit geht jetzt in den Kopfbereich. Nehmen Sie den Atem zu Hilfe, Sie atmen durch die Nase ein und aus und bleiben mit Ihrem Fokus ganz im Kopf. Oft unterstützt auch die Vorstellung, Sie würden einen Hauch von Pfefferminze einatmen, der den Kopf frisch macht. Lassen Sie alle Gedanken und Vorstellungen aus dem Kopf fließen, sodass er leer werden und die Wahrnehmung sich ganz auf den leeren Kopf richten kann.

Kopf, ausgedehnt – Reaktionsprinzip Angriff (Struktur 5): OP-Leuchte
Ihre Wahrnehmung und Aufmerksamkeit geht in den Kopf. Stellen Sie sich den Kopf als leicht losgelöst von Rumpf und Hals vor, so als ob er etwas schweben würde. Der Kopf kann leicht leuchten, wie eine Tageslichtlampe. Von dieser Position aus schauen Sie sich um und betrachten Ihre Umgebung. Vielleicht können Sie feststellen, dass Sie jetzt deutlicher sehen, mit mehr Abstand zu dem, was Sie betrachten.

Kopf, um sich kreisend – Reaktionsprinzip Erstarrung (Struktur 6): Warnleuchte
Wieder gehen Sie mit der Aufmerksamkeit in den Kopf. Stellen Sie sich jetzt vor, Sie wollen Ihre Umgebung nur mit den Augen erfassen. Bewegen Sie diese in maximalem Radius hin und her, damit Sie so viel wie möglich um sich herum mitbekommen. Wenn Sie nach rechts schauen, wissen Sie nicht was links von Ihnen passiert und umgekehrt. Und was geschieht gerade hinter Ihrem Rücken? Sie werden schnell merken, dass ihre Augen nicht überall sein können. Oft stellt sich im Rücken dann eine besondere Sensibilität ein, als ob Sie da Sensoren hätten, die den mangelnden Rundumblick ergänzten.

Kopf, flüchtig – Reaktionsprinzip Flucht (Struktur 7): Sternschnuppen
Ihre Aufmerksamkeit ist im Kopf. Sie lassen alles an Gedanken zu, was im Moment auftaucht. So, wie der flache Kiesel über das Wasser hüpft, springen Sie von einem Einfall zum anderen. Sie sind dabei schnell und leicht und erhöhen spielerisch die Geschwindigkeit oder die Vielfältigkeit Ihrer Gedanken und Assoziationen. Hilfreich ist auch die Vorstellung des »Klick-Kinos«: Jeder Klick ein neues Bild, ein neuer Gedanke. Ein Informationsfeuerwerk kann sich im Kopf entfalten und dieses Sprühen strahlt nach außen.

Nachdem Sie diese Reise durch die energetische Beschaffenheit der Enneagramm-Strukturen gemacht haben, haben Sie einen Eindruck der neun unterschiedlichen Atmosphären gewonnen. Manche Übung ist Ihnen vielleicht leichter gefallen als eine andere. Sehr wahrscheinlich ist, dass Ihnen manche Zustände angenehmer waren als andere. Auch hier gilt natürlich wieder, dass wir alle diese neun Zustände kennen, mehr oder weniger. Diese bewusste Reise durch den Körper soll eine Ahnung davon geben, wie sich eine Enneagramm-Struktur körperlich anfühlt.

Regelmäßig alle neun strukturellen Beschaffenheiten zu trainieren, sehe ich als *prophylaktische Psychohygiene* an, denn damit können Sie sich fortlaufend ausbalancieren.

Nur in einer dieser Strukturen sind wir jedoch strukturell dauerhaft und lebenslang verankert. Die bewusste Wahrnehmung ist meist etwas ganz Neues, denn man lebt ja schon von Beginn an in seiner Struktur. Man könnte sagen: Das, was man schon das ganze Leben *war*, kann man jetzt *bewusst werden*. Damit entstehen zwei Effekte, man ist dann nicht mehr komplett damit identifiziert und dadurch entsteht mehr Gestaltungsraum, das Potenzial der eigenen Struktur besser zu nutzen.

Die neun Lebensthemen

Die drei Grundenergien wirken in jeweils drei unterschiedlichen Reaktions-Prinzipien. Dementsprechend entstehen aus den drei Grundthemen jeweils drei spezifische Lebensthemen, insgesamt macht das neun Lebensthemen.

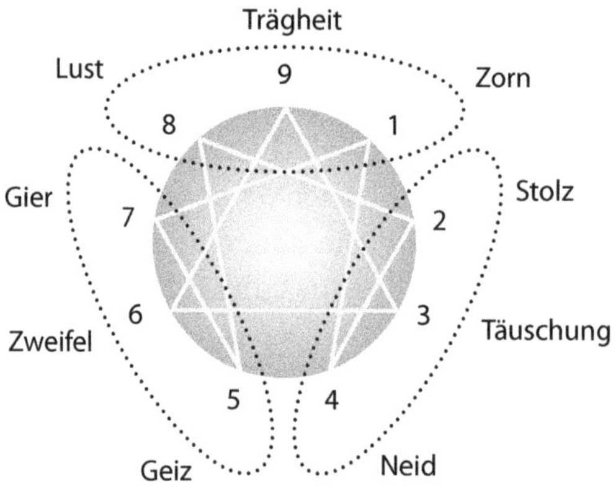

Abb. 8: Grafischer Überblick über die Lebensthemen

Im Enneagramm haben die Begriffe der Lebensthemen eine negative Färbung. Ich werde sehr oft gefragt, warum das notwendig sei, man könne das doch auch positiv formulieren. Ich habe bereits erwähnt, dass ich das Lebensthema als einen Zustand verstehe, der gemäß der strukturellen Beschaffenheit entsteht. Somit sind Potenzial und Begrenzung eng damit verbunden. Die negative Färbung der Begriffe weist auch auf die darin liegende Not hin, auf das, was es sich anzuschauen lohnt. Wenn wir uns jetzt die Freiheit nehmen, sie in einen anderen Rahmen zu setzen und neugierig darauf werden, welche positive Bedeutung darin stecken könnte, dann schaffen wir uns mehr Optionen.

Hier im Sinne des Wertequadrats von Schulz von Thun zu denken, ist hilfreich: »Jeder Mensch mit einer bestimmbaren, erkennbaren Eigenschaft verfügt immer auch über einen schlummernden Gegenpol, den er in sich wecken und zur Entwicklung bringen kann.«[4] So stelle ich dem Lebensthema die Stärke gegenüber, die genauso ein natürliches Produkt der strukturellen Beschaffenheit der jeweiligen Energie ist. »Wir gehen leichter an unseren Stärken als an unseren Schwächen zu Grunde, denn in Bezug auf diese leben wir vernünftig, nicht aber in Bezug auf unsere Stärken.«[5]

Der vermeintlich negative Begriff des Lebensthemas dient somit als Achtung-Zeichen (!), er lenkt die Aufmerksamkeit auf die Begrenzungen, die natürlich vorhanden sind. Ein Nachteil der Schwerkraft ist z. B., dass Dinge herunterfallen können und kaputtgehen. Ein Vorteil der Schwerkraft ist dagegen, dass wir nicht wegfliegen. Ich gebe zu, dass es im ersten Moment schwerfällt, die neun Lebensthemen wie Neid, Zorn, Täuschung etc. als Begriffe zu sehen, die man weder positiv noch negativ deuten muss. Nehmen Sie z. B. die Täuschung: Würden Sie einem Chamäleon vorwerfen, dass es die jeweilige Färbung der Umgebung annimmt? Sie sagen: »Er sieht dem täuschend ähnlich.« Auch hier steckt per se keine negative Wertung drin. Wenn Sie einen neuen Bezugsrahmen für die jeweiligen Begriffe wählen, so erweitern sich die Deutungsmöglichkeiten.

Iteration

Die Iteration unterstützt den Prozess, diese Begriffe zu *reframen*, also in einen neuen Rahmen zu setzen. Der französische Philosoph Jacques Derrida hat diesen Begriff für die Philosophie definiert: »Iteration bezeichnet hier die Wiederholung

[4] Friedemann Schulz von Thun, *Miteinander reden, Bd.* 2, 1990, S. 38.

[5] Friedrich Nietzsche, *Die Kunst der Gesundheit*, aus *Nachgelassene Fragmente*, Karl Alber Verlag, S. 30.

eines Begriffs im philosophischen und gesellschaftlichen Diskurs. Mit jeder Wiederholung (Iteration) eines Begriffs verändert sich seine Bedeutung, so dass niemals dieselbe Bedeutung reproduziert wird, wie beim vorausgehenden Gebrauch des Begriffs. Jede Iteration hat vielmehr eine Variation der Bedeutung zur Folge, die dem ursprünglichen Begriff etwas hinzufügt und ihn bereichert. Eine ursprüngliche Definition von Begriffen, auf die man ihre Bedeutung zurückführen könnte, kann es demnach nicht geben.«[6]

Mit freundlicher Genehmigung von Gerda Fuckner, die diese Begriffe innerhalb eines Enneagramm-Arbeitskreises gesammelt hat, der das Lebensthema der Struktur Neun – Trägheit – im Sinne der Iteration untersucht hat:

Empfänglich, auffangen, Einstimmung, laufen lassen, Leichtigkeit, leichte Brise, nicht angreifbar, langsam, Treue, begleiten, mitgehen, Sitzungen, Beisitz, swingen, Zuschauer, Verbindung, einbinden, zusammenfügen, nachgeben, Vergleiche, glattbügeln, die Waage, vielseitig, Verschiedenes, Gesammeltes, geduldig, lassen, sein, abwarten, verschieben, Zeitläufe, leicht bewegt, je nachdem …, noch immer …, wenn …, falls …, angenommen, dass …, nicht schlecht, zulassen, gleiten aufs offene Meer, im Schwarm sein, anschieben, Aufschub, Möglichkeiten im Visier, ausgewogen.

Aber auch: *Abschweifen, dümpeln, tauchen, überhören, wegsehen, entrinnen, einnebeln, zerstäuben, benebelt sein, betäuben, zerreiben, blockieren, aussitzen, vergessen.*

Mit diesen assoziativen Begriffen werden die unterschiedlichsten Aspekte des Begriffes Trägheit deutlich, und es entsteht sowohl für den Menschen mit der Struktur selbst als auch für die Umwelt ein tieferes Verständnis für dieses Lebensthema und das sich daraus ergebende Zusammenspiel mit den anderen drei Säulen: Grundbedürfnis, Grundangst und Abwehr.

---

6 http://de.wikipedia.org/wiki/Iteration, Stand 19.2.2014.

Die Lebensthemen in Schlagzeilen	
Zorn	Gebündelte Kraft der Enttäuschung über die Erkenntnis des Unvollkommenen
Stolz	Das verheimlichte Bedürfnis nach Zuwendung
Täuschung	Das larvierte Heischen nach Bestätigung
Neid	Auf den vermeintlichen – immateriellen – Besitz der anderen ausgerichtet
Ich-Geiz	Inhalte werden statt Persönlichkeit angeboten
Zweifel	Das Schwanken zwischen Misstrauen und Vogel-Strauß-Politik
Gier	Die Unmöglichkeit der Sättigung
Lust	Der permanente Wille/Unwille
Trägheit	Andauerndes, unbewusstes Energiemanagement

Die Stärken in Schlagzeilen	
Eins	Präzision
Zwei	Bezogenheit
Drei	Geschmeidigkeit
Vier	Echtheit
Fünf	Durchdringungsfähigkeit
Sechs	Beobachtungsgabe
Sieben	Vielfalt
Acht	Stärke
Neun	Toleranz

Aus dem Grundthema Autonomie/Raum entstehen die Lebensthemen der Strukturen 1 – 8 – 9.
Aus dem Grundthema Beziehung/Kontakt entstehen die Lebensthemen der Strukturen 2 – 3 – 4.
Aus dem Grundthema Sicherheit/Orientierung entstehen die Lebensthemen der Strukturen 5 – 6 – 7.
Jeweils drei Lebensthemen sind durch ein Grundthema geprägt.

Die neun Grundbedürfnisse

Grundbedürfnis meint im Kontext des Enneagramms, dass es ein ganz zentrales Bedürfnis gibt, welches aus der Beschaffenheit der jeweiligen Enneagramm-Struktur entspringt. Auch hier gilt wieder, dass die meisten Menschen die neun Grundbedürfnisse der jeweiligen Struktur kennen. Das Bedürfnis, welches jedoch im Kern der eigenen Struktur steckt, ist das zentrale Molekül. Das heißt, in welchem Thema man auch immer startet, welches der persönliche Kontext ist, man landet bei diesem Kern-Bedürfnis, von dem aus alle anderen Bedürfnisse genährt werden.

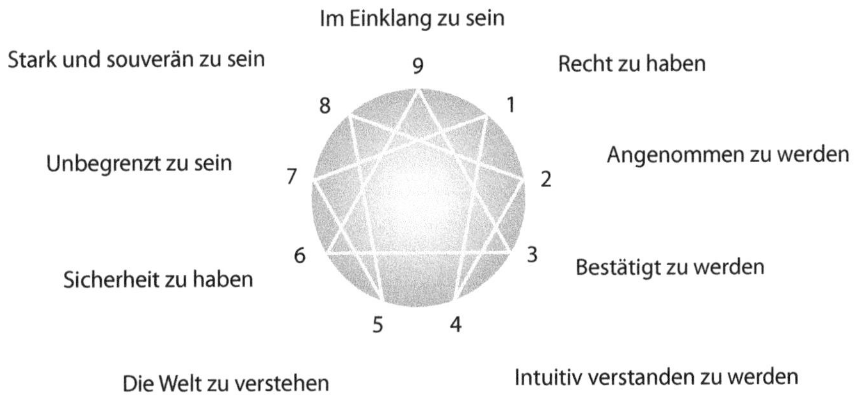

Abb. 9: Grafische Darstellung der Grundbedürfnisse

Die neun Grundbedürfnisse in Schlagzeilen	
Eins	Recht zu haben
Zwei	Angenommen zu werden
Drei	Bestätigt zu werden
Vier	Intuitiv verstanden zu werden
Fünf	Die Welt zu verstehen
Sechs	Sicherheit zu haben
Sieben	Unbegrenzt zu sein
Acht	Stark und souverän zu sein
Neun	Im Einklang zu sein

Die neun Grundängste

So wie mit den Grundbedürfnissen verhält es sich auch mit der Grundangst, dies ist die empfindlichste Stelle in der Psyche, man kann sie als Sollbruchstelle der Psyche bezeichnen. Auch hier gilt wieder: Die meisten Menschen kennen alle neun Grundängste, die strukturspezifische ist jedoch die gravierendste. Die Abwehr unterstützt dabei, die Grundangst so wenig wie möglich zu spüren. Diese wirkt dann mehr unbewusst und der Betroffene hat kein Bewusstsein darüber, dass er alles Mögliche zur Vermeidung dieser Grundangst unternimmt.

Grundangst und Grundbedürfnis bedingen einander. Wenn die Grundangst aktiviert ist, dann wird natürlich auch das Grundbedürfnis nicht gestillt.

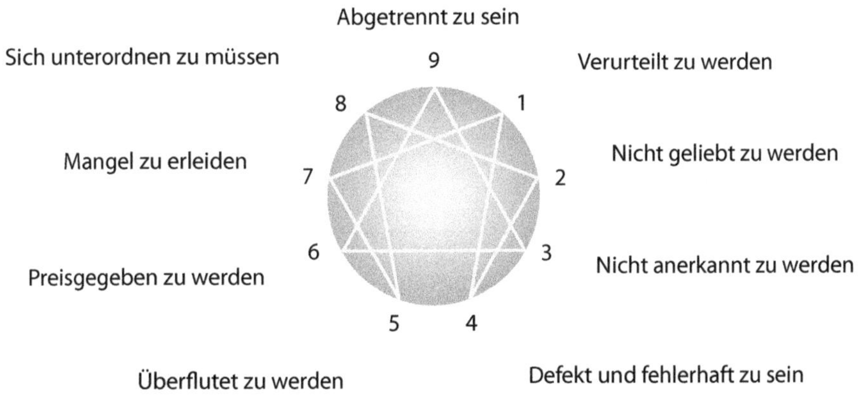

Abb. 10: Grafische Darstellung der Grundängste

Die neun Grundängste in Schlagzeilen	
Eins	Verurteilt zu werden
Zwei	Nicht geliebt zu werden
Drei	Nicht anerkannt zu werden
Vier	Defekt und fehlerhaft zu sein
Fünf	Überflutet zu werden
Sechs	Preisgegeben zu werden
Sieben	Mangel zu erleiden
Acht	Sich unterordnen zu müssen
Neun	Abgetrennt zu sein

Ein Beispiel zu den neun Grundängsten: Um anschaulicher darzustellen, was es mit der Grundangst auf sich hat, hier ein Beispiel einer fiktiven Familie, die neun Kinder mit neun verschiedenen Enneagramm-Strukturen hat. Der Vater ist gewalttätig und jähzornig, schreit seine Kinder an und schlägt sie.

Diese Beispiele sollen nicht das persönliche Erleben auf einen bestimmten Aspekt reduzieren. Vielmehr geht es darum zu erkennen, dass es sehr unterschiedlich sein kann, worin eine psychische Verletzung für einen Menschen besteht. Die Betonung liegt hier auf dem Gravierendsten, denn eine konstante Traumatisierung in der Kindheit wird unter Umständen alle Grundängste aktivieren. Oft habe ich bei Klienten erlebt, dass eine schwierige Kindheit Geschwister eher voneinander entfernt hat.

Es herrschte oft Unverständnis darüber, wie der andere mit den schwierigen Situationen umgegangen ist und wie verschieden davon die eigene Überlebenssicherung war. Hier kann das Enneagramm sehr versöhnlich wirken, denn man kann mit seiner Hilfe begreifen, wie die Situationen auf den anderen gewirkt haben.

- Für das *Einser-Kind* ist es am schlimmsten, dass es nichts richtig machen kann, es hat das Gefühl, dass es immer wieder alles falsch macht. Es versucht, sich so angemessen wie möglich dem Vater gegenüber zu verhalten.
- Für das *Zweier-Kind* ist es am schlimmsten, dass es sich vom Vater nicht geliebt fühlt. Es bemüht sich darum, doch die Schläge zeigen dem Kind, dass es nicht liebenswert ist. Es versucht, ganz lieb zu sein und so den Vater zu beschwichtigen.
- Für das *Dreier-Kind* ist es am schlimmsten, dass es sich durch den Vater immer abgewertet fühlt. Es möchte so gerne bestätigt werden und fühlt sich in seinen Leistungen überhaupt nicht anerkannt. Es versucht, den Vater durch Leistung zu beeindrucken.
- Für das *Vierer-Kind* ist es am schlimmsten, dass es sich ausgestoßen fühlt, es versteht nicht, worum es überhaupt geht und meint, dass an ihm etwas defekt sein müsse, wenn der Vater so reagiert. Es zieht sich in seine Welt zurück.
- Für das *Fünfer-Kind* ist es am schlimmsten, dass die laute Stimme und die Gewalt so auslöschend wirken, es fühlt sich davon überflutet und wie weggeschwemmt. Es versucht, sich unsichtbar zu machen und verstummt weitgehend.
- Für das *Sechser-Kind* ist es am schlimmsten, dass es nie weiß, woran es ist, ihm fehlt jegliche Sicherheit und es fühlt sich preisgegeben und malt sich die nächste Bestrafung schon aus.
- Für das *Siebener-Kind* ist es am schlimmsten, dass es oft für seine kreativen Ideen bestraft wird. Alle unbedachten Impulse werden sanktioniert. Es versucht, den Vater zu überzeugen, dass es nichts Schlimmes gemacht hat.
- Für das *Achter-Kind* ist es am schlimmsten, dass es sich so ohnmächtig fühlt und meint, es müsse sich total unterordnen. Es versucht, die Angst vor den Schlägen und die Schläge selbst einfach zu ignorieren.
- Für das *Neuner-Kind* ist es am schlimmsten, dass es davon immer wieder so unvorbereitet getroffen wird. Es hat das Gefühl, das Ganze wie in einer Glocke zu erleben. Es versucht, so viel wie möglich abzuschalten.

Die neun Abwehrstrategien

Jede Enneagramm-Struktur hat eine spezifische Abwehrstrategie. Diese ist *strukturimmanent* und *durchdringt das ganze psychische System.*

Sie dient als Schutz und sorgt für Stabilität im psychischen System, d. h. sie ist unbewusst und wirkt automatisch. Die Abwehr ist somit etwas Überlebensnotwendiges. Das vergleichende Bild der Immunabwehr macht das deutlich: Die körpereigene Abwehr kann schädliche Erreger, die von außen eindringen erkennen und bekämpfen. Analog funktioniert das auch in der Psyche, die Abwehr unterstützt dabei, dass sich fremde und schädliche Einwirkungen nicht in der Psyche festsetzen und diese schädigen. Ein Übermaß an Abwehr wirkt jedoch dysfunktional und behindert die persönliche Entwicklung.

Die Wirkung der Abwehr bewusst in den Fokus zu bekommen, stellt eine Herausforderung dar. Da die Abwehr automatisch funktioniert, ist es oft schwierig, sie zu erkennen und zu bemerken. Zielführend ist hier, sich die Abwehr so oft wie möglich zu vergegenwärtigen mit der Frage: Wo war sie heute wirksam? Denn die vermeintliche Abwesenheit der Abwehr deutet meist darauf hin, dass sie in einem wirkt und nicht klar repräsentiert ist.

Wie schon bei der Darstellung der anderen Säulen des Vier-Säulen-Modells erläutert, kennen die meisten Menschen viele Abwehrstrategien. Jedoch hat jeder eine Homebase, nämlich seine strukturimmanente Abwehr, die unbewusst 24 Stunden am Tag einsatzbereit ist. Sie stellt gleichzeitig eine Ressource dar, da sie das psychische System vor Überlastung schützt.

Es ist mir wichtig, nochmals zu betonen, dass die Abwehr auch eine stabilisierende Wirkung hat und nicht nur negativ zu sehen ist. Es gibt immer wieder Kursteilnehmer in meinen Seminaren, die ihre Abwehr unbedingt loswerden möchten. Wer mit Menschen in der Therapie gearbeitet hat, deren Abwehr nur noch rudimentär funktioniert, der weiß, was sie wert ist. Am deutlichsten kann einem dies an der Abwehr der Neun, Betäubung, werden. Wer schon einmal operiert worden ist oder eine längere Zahnbehandlung hatte, der erinnert sich bestimmt daran, wie es sich anfühlte, als die Betäubung nachließ, das ist wahrlich kein angenehmer Zustand.

Die neun Abwehrstrategien in Schlagzeilen

Eins	Verleugnung Gefühle und Impulse werden geleugnet, als ob sie nicht existieren würden.
Zwei	Verdrängung Gefühle und Impulse werden zwar wahrgenommen, aber weggedrängt.
Drei	Identifikation Man ist mit Gefühlen und Impulsen völlig identifiziert.
Vier	Sublimierung Gefühle und Impulse werden erhöht und verfremdet in Bildern und Metaphern.
Fünf	Reduktion Gefühle und Impulse werden so reduziert, dass sie nicht mehr bedrohlich sind.
Sechs	Projektion Gefühle und Impulse werden nach außen projiziert.
Sieben	Rationalisierung Gefühle und Impulse werden verargumentiert.
Acht	Ignoranz Gefühle und Impulse werden wahrgenommen, aber ignoriert, wenn sie stören.
Neun	Betäubung Gefühle und Impulse sind betäubt und deshalb oft kaum oder gar nicht zugänglich.

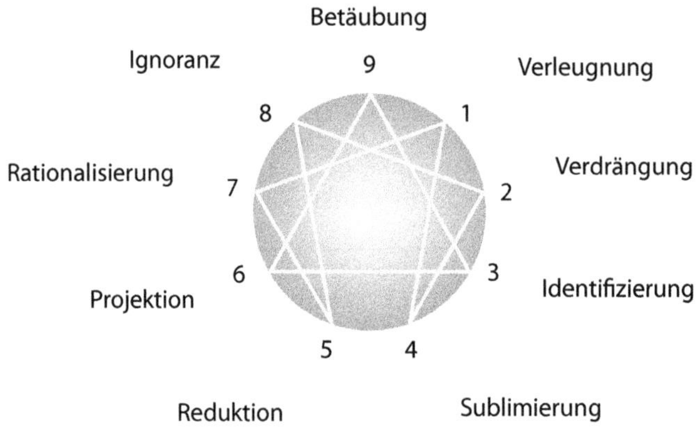

Abb. 11: Grafische Darstellung der Abwehrstrategien

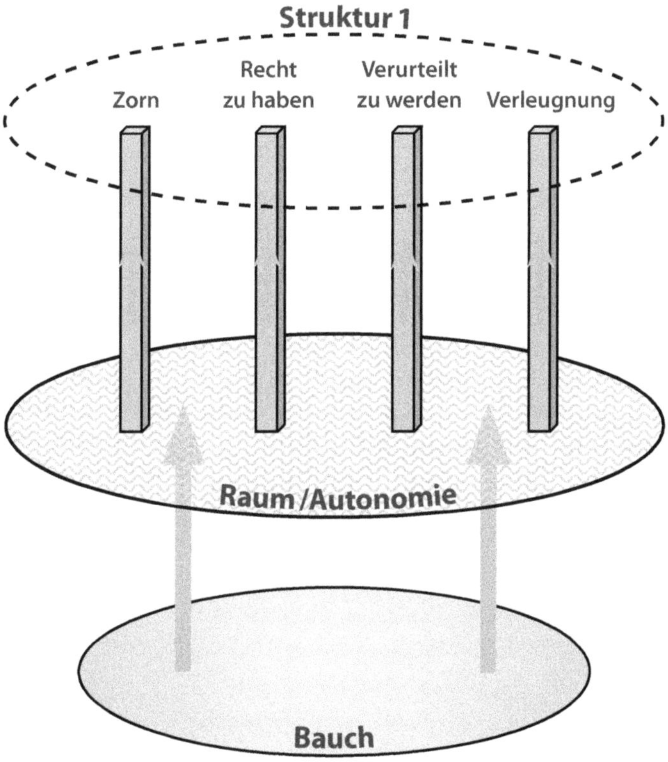

Abb. 12: Vier-Säulen-Modell für Struktur 1

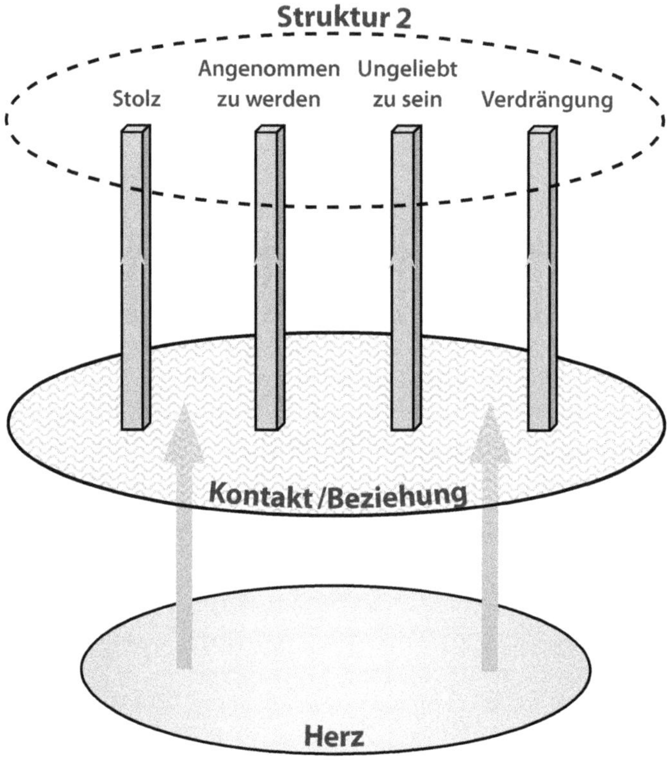

Abb. 13: Vier-Säulen-Modell für Struktur 2

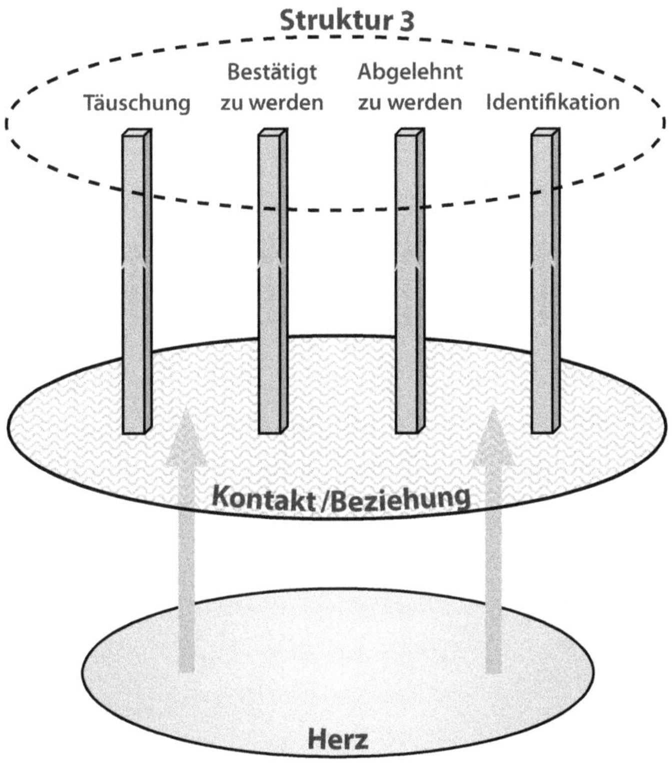

Abb. 14: Vier-Säulen-Modell für Struktur 3

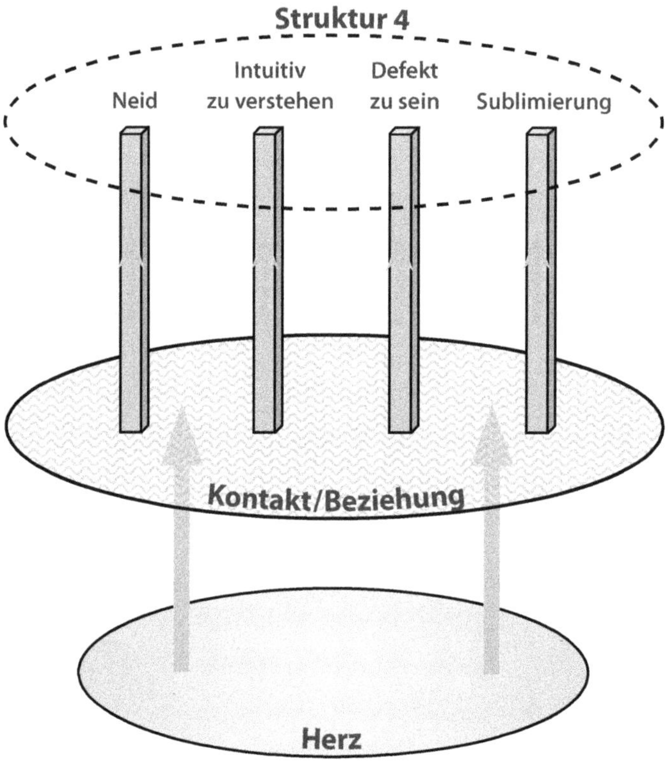

Abb. 15: Vier-Säulen-Modell für Struktur 4

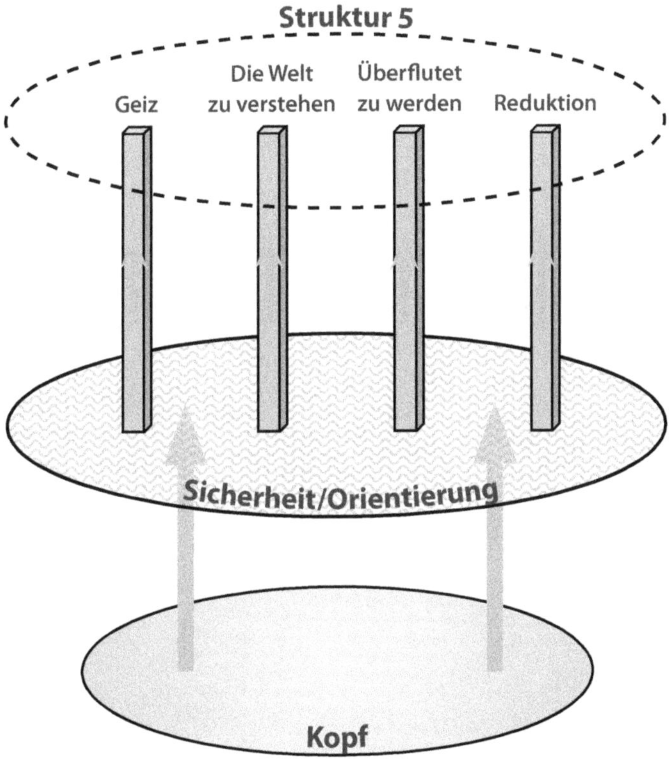

Abb. 16: Vier-Säulen-Modell für Struktur 5

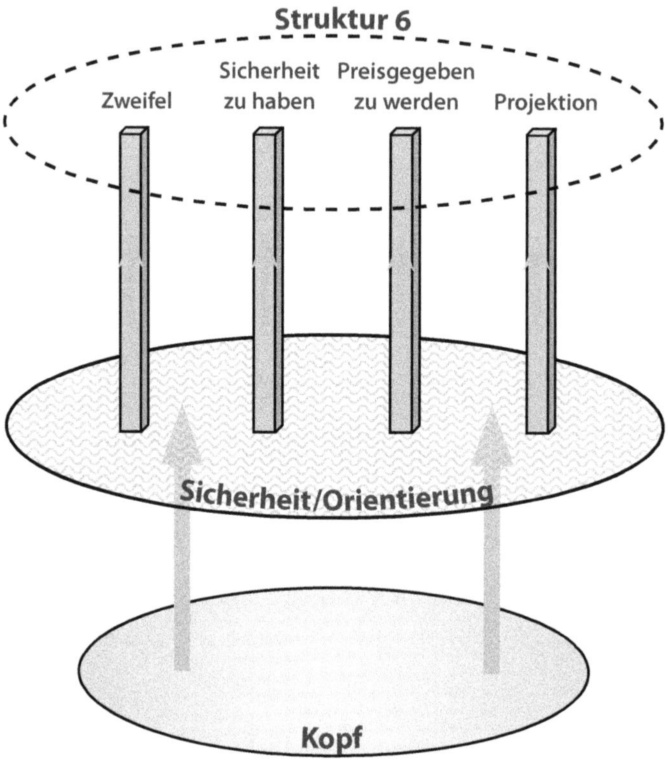

Abb. 17: Vier-Säulen-Modell für Struktur 6

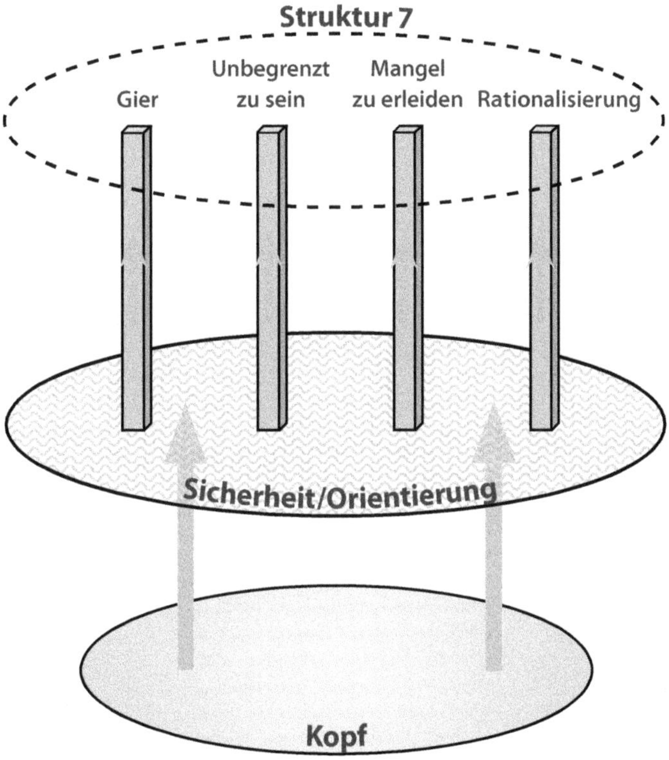

Abb. 18: Vier-Säulen-Modell für Struktur 7

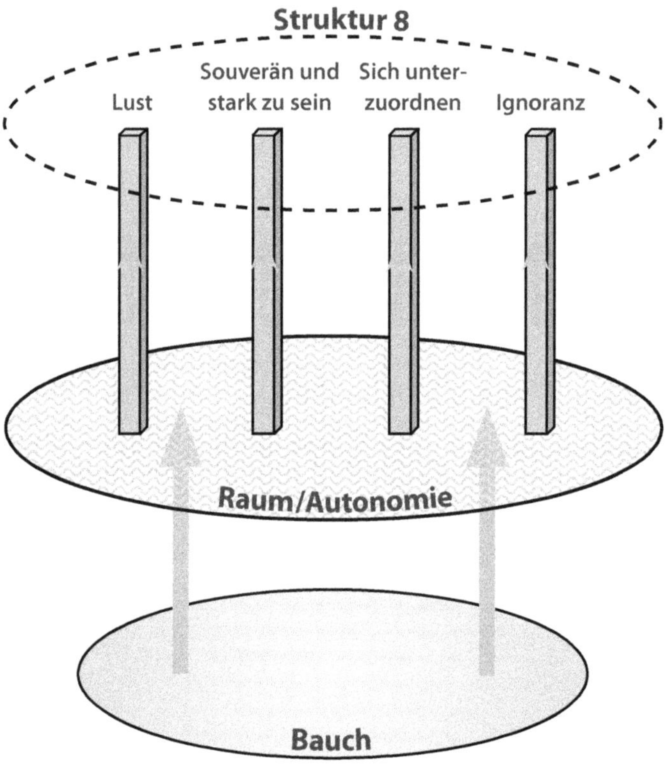

Abb. 19: Vier-Säulen-Modell für Struktur 8

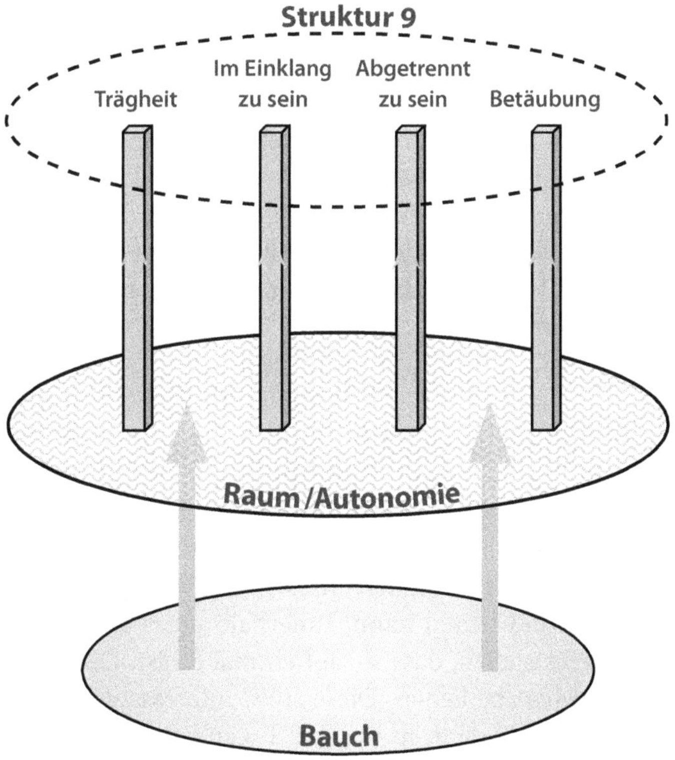

Abb. 20: Vier-Säulen-Modell für Struktur 9

Die Tugenden

Die Tugenden der Enneagramm-Strukturen bezeichnen den Zustand, der für die Beweglichkeit im strukturgebundenen Erleben am hilfreichsten ist. Die Tugenden an sich sind kein Wert, den es zu erreichen gilt. In der Tugend geht es um eine Balance, man könnte sagen, wenn die Stärke der einzelnen Struktur und ihr dazugehöriger Gegenpol in einem wechselseitigen Bezug sind, dann kann die Tugend immer wieder in diesem Prozess entstehen. Somit würde ich sagen, dass man selbst mal näher dran, mal weiter weg ist von der Tugend und die Tugend als Fixstern dienen kann. Wenn man formulieren würde, dies ist der Zustand, der erreicht werden sollte, dann verliert man dadurch genau das, was angestrebt ist, denn die Qualität der Tugend ist die einer Annäherung und immer wieder auch einer Entfernung davon.

Prä-Tugend

Die Tugend des Entwicklungspunktes bezeichne ich als Prä-Tugend. Diese kann man tatsächlich als Grundlage verstehen, auf der die Tugend erwächst. Oft wirkt das enttäuschend, wenn ich formuliere, dass es kein »Programm« gibt, mit dem man sich die Tugend erarbeiten kann. Innerhalb eines Entwicklungsprozesses kann man lediglich feststellen, dass sie auf einmal da ist. Der Prä-Tugend kann man sich jedoch bewusst bedienen. Diese stößt interessanterweise oft gar nicht auf so große Begeisterung, denn in der Prä-Tugend startet der Prozess, in dem man seine Fixierung auf die Stärke aufgibt. Da die Stärke jedoch auch das gesunde Selbstbild nährt, wirkt es erst einmal nicht einladend, darauf bewusst und aktiv zu verzichten.

Ein Übermaß der Stärke schwächt jedoch diesen Wert an sich und gerade an der Stelle der Stärke ist das Risiko hoch, in den Gegenpol zu kippen und strukturell geschwächt zu werden. Die Akzeptanz des Gegenpols und die Idee, diesen als Ressource zu nutzen, schaffen einen ganz anderen Erlebens- und Handlungsspielraum.

Die Tugend ist ein Zustand des Ausbalancierens, die Prä-Tugend entspricht der Tugend des Entwicklungspunktes, die Fixierung auf die Stärke erhöht das Risiko, genau diese zu verlieren. Der Gegenpol stellt eine – oft unbekannte – Ressource dar. In der Balance zwischen Stärke und Gegenpol, zusammen mit der Prä-Tugend, kann die Tugend von selbst entstehen.

	Stärke	Gegenpol	Prä-Tugend	Tugend
1	Präzision	Diffusität	Nüchternheit	Gelassenheit
2	Bezogenheit	Kühle/Distanz	Gleichmut	Demut
3	Geschmeidigkeit	Locked-In-Zustand	Vertrauen	Wahrhaftigkeit
4	Echtheit	Kulisse	Gelassenheit	Gleichmut
5	Durchdringungs-fähigkeit	Verloren im Inhalt	Beherrschung	Sich einlassen
6	Beobachtungsgabe	Blindheit	Bewusstheit	Vertrauen
7	Vielfalt	Eingleisigkeit	Sich einlassen	Nüchternheit
8	Stärke	Schwäche	Demut	Beherrschung
9	Toleranz	Intoleranz	Wahrhaftigkeit	Bewusstheit

Ein Beispiel: Die Stärke der Struktur Neun ist Toleranz und die meisten Neuner sehen sich gerne als tolerant. Wenn sich jemand anderer aber als intolerant erweist, dann kippen sie schnell in den Gegenpol, denn bei nichts sind Neuner so intolerant, als wenn jemand nicht tolerant ist. Wären sie weniger betäubt und würden sich selber mehr spüren, dann könnten sie mehr am Wahren anhaften. Wahrhaftigkeit ist die Prä-Tugend der Neun, dann würden sie ihre eigenen Grenzen besser wahrnehmen und diese auch ernst nehmen. Dadurch würde sich die Toleranz automatisch verringern. So entsteht eine Balance im Wechselspiel zwischen Toleranz und Intoleranz.

Die neun Enneagramm-Strukturen

Für einen Überblick werden der *Fokus* der Aufmerksamkeit, das *Lebensthema* und die *Abwehr* für jede Struktur vorgestellt. Diese Aspekte können ziemlich tief verborgen und durch systemische Einflüsse überlagert sein. Zur Förderung des Verständnisses der einzelnen Strukturen stelle ich jeweils zwei Fallbeispiele von Klienten vor, die die jeweilige Struktur unterschiedlich leben, sie gelten deshalb nicht als Schema. Vergegenwärtigen Sie sich beim Lesen immer das jeweilige Primärzentrum (Bauch, Herz oder Kopf) in seinem entsprechenden Aggregatzustand (Angriff, Flucht oder Erstarrung). »Die neun Enneagramm-Strukturen bilden strukturierte Möglichkeitsräume, in denen potenziell unbegrenzte Möglichkeitsbäume existieren.«[7] Eine feste Zuschreibung von Eigenschaften würde die Möglichkeitsräume einengen und den Möglichkeitsbäumen nicht gerecht werden, deshalb erfolgt hier keine Zuordnung, sondern lediglich der Versuch, den Tenor einer Struktur zu erfassen. Sie werden sich in den unterschiedlichsten Aspekten dieser Beispiele wahrscheinlich wiederfinden können. Unser Denken sucht automatisch nach Korrelationen und versucht, eine Einordnung herzustellen. Aber Sie sollten aufgrund bestimmter Aspekte nicht automatisch auf die Enneagramm-Struktur schließen, da diese Aspekte eventuell nicht in ihrem ganzen Kontext erfasst werden.

Hier ein Beispiel für Depression und Montagsmüdigkeit eines Teenagers. Wenn Sie die jetzt folgende Beschreibung lesen, dann sind die genannten Kriterien an einem Montagmorgen um 6.30 Uhr, kurz vor der Mathearbeit, in der der Jugendliche das letzte Mal vier Punkte geschrieben hat, erfüllt. Die Kriterien waren auch den ganzen Sonntag über erfüllt, als für die Mathearbeit gelernt werden sollte: »(…) leidet unter einer gedrückten Stimmung und einer Verminderung von Antrieb und Aktivität. Die Fähigkeit zur Freude, das Interesse und die Konzentration sind vermindert. Ausgeprägte Müdigkeit kann nach jeder kleinsten Anstrengung auftreten. (…) Selbstwertgefühl und Selbstvertrauen sind fast immer beeinträchtigt. Sogar bei der leichten Form kommen Schuldgefühle oder Gedanken über eigene Wertlosigkeit vor.«[8]

---

7 Auf Anregung von Matthias Varga von Kibéd, im Gespräch am 14.12.2013 formuliert.

8 Die offizielle Definition von Depression laut ICD 10: http://www.icd-code.de/icd/code/F32.0.html, Stand 19.2.2014.

Damit will ich deutlich machen, dass selbst ganz klar erfasste Kriterien in einen persönlichen Kontext gesetzt werden müssen.

Struktur 1

Fokus der Aufmerksamkeit: Verbesserungswürdigkeit/Angemessenheit
Die Aufmerksamkeit ist darauf gerichtet, was richtig und was falsch ist. Der Aufmerksamkeitsstil ist hierbei sehr genau, fokussiert und wird äußerst präzise auf die als wesentlich erkannten Aspekte des Lebens gerichtet. Das, was verbessert werden kann, zieht automatisch die Wahrnehmung auf sich. Das betrifft sowohl andere Menschen und Situationen, aber auch die eigene Person. Eine Person mit dieser Struktur würde das selbst wie folgt beschreiben: »An mir selbst und auch überall sonst ist vieles fehlerhaft und verbesserungswürdig. Ich kann erst zufrieden sein, wenn alles meinen Ansprüchen genügt. Ich suche das richtige Maß. Ich definiere den Bereich des Möglichen und suche die individuelle Vollkommenheit. Alles muss differenziert daraufhin betrachtet werden, was umsetzbar ist und wie weit die Idee der Vollkommenheit gehen kann und darf. Ich weiß genau, dass das Vollkommene nicht möglich ist, werde aber immer bis an die Grenze zum Bestmöglichen gehen. Der Optimierungsgedanke ist deshalb ständig und automatisch aktiv.«

Lebensthema: Zorn
Der Zorn ist das Lebensthema der Struktur 1. Dieser Zorn richtet sich sowohl gegen die eigene Person als auch gegen andere, wenn die selbst gesetzten Maßstäbe nicht erfüllt werden. Oft wird dieser Zorn stark kontrolliert, wie durch eine Röhre steigt er aus dem Bauchraum zum Kopf empor und entlädt sich in meist scharfer und überpräziser Form. Wird dies von der Person selbst als falsch empfunden, insbesondere weil der Zorn als schlechte Eigenschaft bewertet wird, führt das in der Reaktion dazu, dass Zorn um jeden Preis vermieden wird.

Bei der Einser-Struktur haben wir es mit der abgespaltenen Bauchenergie zu tun. Menschen dieser Struktur wissen oft nicht, dass ihr Primärzentrum der Bauch ist. Sie versuchen automatisch die Kontrolle zu behalten, denn die willkürliche Entladung dieser Energie würde ihr Selbstbild beschädigen. Somit müssen Sie immer dafür sorgen, dass die Entladung von Impulsen verhindert wird, es sei denn, die Entladung ist aus ihrer Sicht gerechtfertigt. Dieser energetische Zustand führt zum Lebensthema Zorn.

Abwehr: Verleugnung

Da die Einser-Struktur auf abgespaltener Bauchenergie basiert, erfordert dies eine gewisse Rigidität des Systems. Die Fokussierung auf Verbesserungswürdigkeit und Angemessenheit resultiert aus der Bemühung, unliebsame, heftige und irrationale Impulse zu kontrollieren. Nur so kann das zu Verbessernde auch erkannt und angemessen behandelt werden. Die strukturspezifische Abwehr durch Verleugnung ist dazu unerlässlich. Die Verleugnung entsteht daher aus der strukturellen Beschaffenheit der abgespaltenen Bauchenergie und hält das Lebensthema Zorn in Schach. Gleichzeitig wird das Lebensthema aus der Verleugnung genährt, denn das subjektive Erleben mit der Vielfalt an Gefühlen fällt der Abwehr zum Opfer. So werden Impulse stark eingeschränkt und das Ringen um Angemessenheit findet oft kein Ende.

FALLBEISPIEL 1: Herr R. ist 43 Jahre alt, selbstständiger Coach, in seinem Fachgebiet äußerst engagiert und hat eigene Methoden für das Coaching entwickelt. Er ärgert sich häufig darüber, dass seine Kursteilnehmer nicht engagiert genug sind und nicht die nötige Sorgfalt in Entwicklungsprozessen zeigen. Diesen Ärger hält er für gerechtfertigt und kann genau begründen, warum er hier recht hat. Er geht mit sich selbst allerdings auch sehr hart ins Gericht und ist davon überzeugt, ständig an seiner eigenen Verbesserung arbeiten zu müssen. Er hält sich selbst für rational und kognitiv orientiert. Dass andere ihn als streng und belehrend empfinden, schreibt er deren Empfindlichkeit zu. Er sagt, dass er die Grundangst nicht kennen würde, denn er hätte den meisten Menschen die Berechtigung entzogen, ihn zu beurteilen, da sie meist nicht kompetent seien.

Zusammenfassung:

- Begründung des Ärgers = Verleugnung der aggressiven Impulse
- Optimierung des Selbst = Verleugnung der eigenen subjektiven Komponente
- Strenge/Belehrung = Punktuelle Entladung von Zorn
- Berechtigung absprechen = Vermeidung der Grundangst und Nähren des Grundbedürfnisses

FALLBEISPIEL 2: Frau M. ist 32 Jahre alt, eine sehr höfliche und zurückhaltende Person. Sie prüft für sich selbst erst einmal genau, ob das, was sie sagt, auch angemessen und passend ist. Sie achtet sehr auf ihren Ton und versucht, sich so sachbezogen wie möglich auszudrücken. Harmonie nennt sie einen ganz wichtigen Aspekt in ihrem Leben. Menschen, die dem zuwiderhandeln, sind ihr suspekt. Wenn man länger mit ihr über dieses Thema spricht, wird sie ungehalten. Sie behauptet, dass dies nur notwendig sei, weil die anderen im Umgang miteinander so rücksichtslos seien. M. reagiert auf Konflikte oft mit Magenschmerzen, in ihrem Bauch würde sich dann ein fester Knoten bilden. Sie klagt darüber, dass auch ihr Nacken darunter leide oder/und sich der ganze Körper steif anfühle, als ob ihre Muskeln eine hohe Spannung hätten. Das innerliche Prüfen würde sehr viel Raum einnehmen, es ginge darum herauszufinden, wie es denn am stimmigsten sei. Wörter wie »am besten« oder »richtig« würde sie komplett ablehnen. Auf die Frage, was denn dann »stimmig« bedeuten würde, wird sie ärgerlich, denn das hätte natürlich etwas mit »richtig« zu tun, aber das Wort »richtig« selbst wäre nicht »richtig«. M. fällt es aufgrund dieser andauernden Überprüfung im Inneren schwer, Entscheidungen zu fällen. Vorschläge von anderen helfen ihr nicht weiter, denn diese müssen ja auch zunächst einmal untersucht werden. Sie ist ziemlich ungehalten darüber, wenn andere Menschen unbedacht und ohne nachzudenken irgendetwas Inkompetentes von sich geben.

Zusammenfassung:

- Magenschmerzen/fester Knoten = Keine Durchlässigkeit für Impulse und Gefühle
- Prüfen nimmt viel Raum ein = Verleugnung starrer Kategorien
- Ärger über Inkompetenz = Vermiedener Zorn bricht sich Bahn
- Innerliches Prüfen = Grundbedürfnis und Vermeidung der Grundangst

Struktur 2

Fokus der Aufmerksamkeit: Beziehung und Kontakt

Die Aufmerksamkeit richtet sich auf das, was andere Menschen brauchen. Das kann sowohl deren emotionalen Zustand, Bedürftigkeit, Not oder Wünsche betreffen. Dieses nach außen gerichtet sein sorgt dafür, dass sich Menschen mit Zweier-Struktur meist zunächst einmal um andere kümmern. So bleiben die eigenen Bedürfnisse, Nöte und Wünsche oft auf der Strecke und können nur indirekt geäußert werden. Die Zweier-Struktur basiert auf strömender Herzenergie. Somit ist die Wahrnehmung dafür, wie sich der Kontakt und die Beziehung zu anderen gestaltet, immer im Fokus und im Bewusstsein. Die Verdrängung der eigenen Bedürfnisse ermöglicht es, auf diesen Fokus ausgerichtet zu bleiben. Eine Person mit dieser Struktur würde das selbst wie folgt beschreiben: »Ich werde nur dann geliebt und kann mich selbst wertvoll fühlen, wenn ich auf andere Menschen bezogen bin, mich auf ihre Bedürfnisse und Nöte einstelle und ihnen etwas gebe. Es ist schwer vorstellbar, dass ich, ohne etwas zu geben, in einem intensiven Kontakt mit anderen bin. Meine Emotionalität ist den meisten zu viel und deshalb verberge ich sie besser.«

Lebensthema: Stolz

Der Stolz der Enneagramm-Struktur 2 ist indirekt und wird oft verheimlicht. Niemand darf wirklich wissen, welche Bedürftigkeit durch die emotionale Ausrichtung zur Welt hin entsteht. Die strömende Herzenergie nach außen erzeugt Verletzlichkeit und kann schnell zur Abhängigkeit von anderen führen. Zum Schutz des eigenen Systems und des Selbstbildes soll diese Abhängigkeit nicht so deutlich sichtbar sein. Durch die strömende Ausformung ist das Thema Beziehung die Sollbruchstelle für Verletzlichkeit und Zurückweisung. Der Stolz kann sich in der Haltung »Ich brauche nichts von euch!« zeigen. Durch die Hinwendung zu anderen tritt die eigene Person in den Hintergrund und die eigenen Bedürfnisse werden verdrängt und kommen nur indirekt zum Vorschein.

Abwehr: Verdrängung

Verdrängung von Gefühlen und Bedürfnissen ist die Abwehr der Struktur 2, die den Stolz nährt, nicht auf die anderen angewiesen zu sein, und verschafft den Eindruck von Sicherheit, der Zurückweisung vermeiden soll. Gleichzeitig stellt die Verdrängung der Gefühle und Bedürfnisse eine Begrenzung dar, da der sehnlichste Wunsch, im authentischen Kontakt zu sein, dadurch erschwert wird.

Fallbeispiel 1: Herr S. ist 56 Jahre alt, geschieden, hat eine erwachsene Tochter und einen großen Bekanntenkreis. Dort gilt er als kompetenter Gesprächspartner, der immer allen zuhört. Er berichtet, dass er ausgesprochen gerne mit anderen im Kontakt ist und es schön findet, wenn seine Gesprächs- und Hilfsbereitschaft so gut ankommt. Er erzählt, dass er fast immer genau fühlen würde, wie es anderen geht. Er möchte gerne seine Tochter in ihren Entscheidungen mehr unterstützen, was diese aber leider oft zurückweist. Dies stößt bei ihm auf Unverständnis, und er begreift nicht, was ihre Motivation dafür sein könnte. Er selbst würde sich eher zurückstellen und er habe beim Geben ein besseres Gefühl als beim Nehmen. Er selbst fühlt sich oft alleine und hat den Eindruck, dass sich um ihn niemand so richtig kümmern würde. Gerne würde er eine neue Partnerschaft eingehen, aber den meisten Frauen wäre er zu anhänglich und würde sich zu viel Verbindlichkeit wünschen. Das versteht er überhaupt nicht, denn das wäre doch gerade das, was Frauen sich so oft wünschten. Wenn er sich verliebt, dann überlegt er sich ganz genau, was er alles tun könnte, um die Angebetete zu erobern.

Zusammenfassung:

- Geben statt Nehmen = Verdrängung der eigenen Gefühle
- Sich selbst zurückstellen = Stolz/Verdrängung der Bedürftigkeit
- Ratschläge geben = Stolz/Bedürfnisse der anderen erfüllen
- Zurückweisung erfahren = Grundangst

FALLBEISPIEL 2: Frau P. ist 39 Jahre alt und in einem großen Unternehmen als Führungskraft tätig. Sie hält sich selbst für kopfgesteuert und sehr kontrolliert. Sie spürt zwar ganz genau, wenn ihr jemand zugewandt ist, lässt sich davon jedoch recht wenig anmerken. Sie ist verheiratet und hat keine Kinder. Bei der Arbeit leidet sie sehr darunter, dass sie mit manchen Kollegen zu wenig Kontakt bekommt. Sie hat große Angst vor Zurückweisung, sieht aber genau, wer sich mit wem gut versteht. Ihr Motto ist: »Lieber ziehe ich mich zurück, bevor mich jemand zurückweist.« Sie hat immer wieder gehört, dass sie von anderen als kühl und distanziert empfunden wird. Im privaten Umfeld verhält sie sich auch vorsichtig. In ihrer Partnerschaft möchte sie dann die ganze Zuwendung erhalten, die ihr sonst fehlt. Sie berichtet, dass sie sich gerne sowohl im Betrieb als auch in der Partnerschaft nützlich macht, denn das würde ihr das gute Gefühl geben, gebraucht zu werden. Da ihre Sorge groß ist, sie sei zu viel für andere, tut sie das immer als Selbstverständlichkeit ab, obwohl sie sich sehr wünscht, dass andere sich um sie kümmern.

Zusammenfassung:

- Rückzug = Stolz/Vermeidung von Zurückweisung
- Angst vor Zurückweisung = Grundangst
- Sich nützlich machen = Grundbedürfnis befriedigen
- Zurückweisung vorwegnehmen = Abwehr/Verdrängung/Grundbedürfnis

Struktur 3

Fokus der Aufmerksamkeit: Angepasster Erfolg

Die Aufmerksamkeit der Struktur 3 geht nach außen und ist auf die Wirkung der eigenen Selbstdarstellung gerichtet. Feine Signale von Zustimmung werden ebenso automatisch registriert wie Anzeichen von Ablehnung. Die Selbstdarstellung wird daraufhin automatisch der gegebenen Situation angepasst. Das Selbstbild ist darauf angewiesen, gut anzukommen. Eine Person mit dieser Struktur würde das selbst wie folgt beschreiben: »Dass ich gut durchkomme und in allen mir wichtigen Bereichen Erfolg habe, zählt für mich. Automatisch entsteht in mir die optimale Strategie zur Erreichung der von mir angestrebten Ziele. Ich habe eine Vorstellung davon, was nötig ist, um erfolgreich zu sein, dies läuft aber wie von selbst und ist ein fortwährender Prozess. Um was es dabei geht, kann sehr unterschiedlich sein. Auch innere Werte, Talente, soziale Kompetenz etc. können in diesem Fokus sein.«

Lebensthema: Täuschung

Die Täuschung der Enneagramm-Struktur 3 wirkt in allen Lebensbereichen und durchdringt die innere Struktur. Die Energie ist hier gehalten und mäßig warm ausgeprägt. Das Thema der Herzenergie ist aber genauso relevant wie bei den anderen beiden Vertretern dieser Energie. Vom Menschen selbst, der diese Struktur hat, wird das jedoch gefühlsmäßig nicht so stark wahrgenommen, dies ist durch die gedeckte Herzenergie auch schwer möglich. Durch die erstarrte Form ist das Kontaktthema nicht so offensiv nach außen gerichtet, sondern bezieht sich auf Ankerkennung und Bestätigung. Damit dies optimal funktioniert, ist eine unwillkürliche und gewandte Adaption an die Anforderungen notwendig. So entsteht das Lebensthema Täuschung aus der energetischen Ausprägung der Herzenergie.

Abwehr: Identifikation

Die Dreier-Struktur basiert auf warmer Herzenergie. Auch hier geht es um das Thema Kontakt, es zeigt sich jedoch in der weniger persönlichen Variante, indem sie darauf ausgerichtet ist, in der jeweiligen Situation anerkannt und bestätigt zu werden. Dies ist dann optimal möglich, wenn die Abwehr der Struktur 3 – die Identifikation – gut funktioniert. Ganz mit der Rolle identifiziert zu sein, wirkt so am überzeugendsten und ist ein unbewusster Vorgang, der aus der strukturellen Beschaffenheit der Energie resultiert. So unterstützt die Abwehr Identifikation das Lebensthema Täuschung. Die Begrenzung liegt darin, dass gerade die Identifikation naturgemäß sehr schwer zu fassen und zu durchschauen ist. So können Dreier oft schlecht erkennen, wo ihre Fehlhaltungen oder Schwächen liegen.

Fallbeispiel 1: Herr B. ist 45 Jahre alt und als selbstständiger Berater in der Finanzbranche tätig. Er will Erfolg und ist auch erfolgreich. Statussymbole spielen für ihn eine große Rolle, für gesellschaftliche und berufliche Anerkennung tut er viel. Er hat ein gutes Netzwerk und entwickelt ständig neue Strategien, um beruflich weiterzukommen. Privat ist er mit einer attraktiven Frau liiert, mit der er zwei Kinder hat. Er ist stolz darauf, ein guter Koch zu sein und beeindruckt Geschäftspartner und Freunde mit seinen Kochkünsten. Die meisten Leute bewundern seine vielfältigen Fähigkeiten, und er versteht es geschickt, diese auch im bestmöglichen Licht erscheinen zu lassen. Er berichtet, dass er manchmal Momente der inneren Leere hat, die er aber schnell kompensieren kann.

Zusammenfassung:

- Erfolg = Komplette Identifikation/Selbsttäuschung
- Kochkünste = Identifikation/Adaption auch im Privaten
- Im besten Licht erscheinen/innere Leere = Identifikation/Täuschung durch Fassade/kein Gespür für das Innere

Fallbeispiel 2: Herr H. ist 59 Jahre alt und als Pfarrer und in einer großen Gemeinde tätig. Er ist seit 20 Jahren verheiratet und hat vier Kinder. In verschiedenen caritativen Organisationen ist er im Vorstand tätig. Ihm ist es wichtig, dass er für alle Gemeindemitglieder ansprechbar ist. Er hat eigens eine Mailadresse eingerichtet für Sorgen und Anregungen, auf diese Anfragen reagiert er unverzüglich. Für dieses Projekt hat er sehr viel Anerkennung bekommen. In seiner Gemeinde und bei Kollegen ist er sehr beliebt, er wirkt sehr bescheiden und wiegelt meist ab, wenn er gelobt wird. Ihm ist jedoch sehr wohl bewusst, was er leistet und dass er recht erfolgreich in seiner Arbeit ist. Jedem ist er der Gesprächspartner, den der andere sich wünscht. Seine Frau jedoch ist manchmal ratlos, denn sie hat das Gefühl, dass sie nicht richtig nah an ihn herankommt. Sie empfindet ihn als zu sehr angepasst und fragt sich manchmal, was der Unterschied zwischen der öffentlichen und der privaten Person ihres Mannes ist.

Zusammenfassung:

- Bescheidenheit/Abwiegeln = Kluge Täuschung/Gewinn der Anerkennung/Grundbedürfnis
- Instrumentalisierte Verfügbarkeit/Vorstandsposition/Außenwirkung = Täuschung/Identifikation
- Gesprächspartner für den anderen = Identifikation mit dem anderen
- Fehlende Differenzierung zwischen öffentlicher und privater Person = Identifikation/Grundbedürfnis in allen Bereichen

Struktur 4

Fokus der Aufmerksamkeit: Zukunft

Die Aufmerksamkeit der Struktur 4 geht aus der Gegenwart und dem Alltag weg in eine ersehnte, emotional erfülltere Zukunft oder beschäftigt sich mit der Vergangenheit. Menschen mit dieser Struktur wirken oft nicht erreichbar, denn sie verlieren sich in ihren Gefühlen. Der Wunsch in der Tiefe ist, mit anderen Menschen im Kontakt zu sein. Dies wird aber indirekt und so verschlüsselt gelebt, dass beim Gegenüber eher ein Gefühl von Verwirrung entsteht. Trotzdem ist das Bedürfnis nach einem Miteinander groß und von einer starken Emotionalität geprägt. Diese wird aber nur punktuell nach außen gezeigt, um dann gleich wieder in Andeutungen und geheimnisvollen Windungen zu verschwinden. Eine Person mit dieser Struktur würde das selbst wie folgt beschreiben: »Niemand versteht mich so recht. Ich ahne oft, worum es bei mir geht, kann es aber rational nicht fassen. Ich bin anders als die anderen, das empfinde ich oft als Belastung. Manchmal verachte ich zwar diejenigen, die allzu profan und weltlich sind, oft überkommt mich aber auch ein Minderwertigkeitsgefühl, wenn ich sehe, wie andere fest im Leben stehen. Die Welt erscheint mir oft als sehr weit weg. Es fühlt sich unerreichbar an, in Kontakt mit anderen zu treten. Eigentlich gehöre ich nicht so richtig dazu.«

Lebensthema: Neid

Bei der Enneagramm-Struktur 4 ist die Herzenergie nach innen gekehrt und dadurch von außen kaum sichtbar. Das Bedürfnis nach Beziehung wird mit sich selbst im Inneren erlebt. Andere haben etwas, das für den Vierer unerreichbar scheint, so entsteht der Neid der Struktur 4. Der Neid bezieht sich nicht unbedingt auf äußerliche oder materielle Dinge oder Besitzstände. Er ist vielmehr tiefer Ausdruck von Sehnsucht nach dem Unbestimmten. Die Sehnsucht bleibt unerfüllt und ist ein emotionaler Zustand, der sich selbst in seiner Verlorenheit nährt. Dies führt dazu, dass Vierer sich noch weiter in ihr Herz-Schneckenhaus zurückziehen. Umso weniger werden sie von ihrer Umwelt verstanden, und das aktiviert wiederum den Neid. Die Oberflächlichkeit von Alltag oder Profanität abzuwehren, ist Bestandteil der Struktur und soll das Thema Neid begrenzen. Die Welt wird oft als sehr fern erlebt und die damit verbundenen Gefühle erzeugen einen innerlichen Abstand zu dieser ersehnten Welt.

Abwehr: Sublimierung
Die Vierer-Struktur basiert auf nach innen gekehrter Herzenergie. Das Kontaktthema zeigt sich in der Sehnsucht nach dem Austausch mit anderen. Die Aufmerksamkeit ist auf das Fehlende und Unerreichbare gerichtet. Dies wird durch die Erzeugung von Bildern, Atmosphären und Kulissen, die die Vier umgeben, erzeugt. Diesen Vorgang nennt man »Sublimierung«. So unterstützt die Abwehr der Vier das Bedürfnis nach Kontakt, indem innere Ersatzwelten geschaffen werden. Gleichzeitig entsteht dadurch auch die Begrenzung, weil der reale und direkte Kontakt mit anderen erschwert wird und die Welt weiter wegrückt. Die Sublimierung nährt somit den Neid, dass andere etwas haben, was die Vier selbst nicht hat.

Fallbeispiel 1: Frau G. ist 64 Jahre alt und arbeitet als Übersetzerin. Sie ist in Südamerika geboren und lebt seit 45 Jahren in Deutschland. Die Kurzbeschreibung, die sie über sich selbst abgibt, lautet: »Ich wuchs als Kind von Einwanderern, zwischen den Sehnsuchtsliedern von Migranten und der Stille der Eingeborenen auf. Diese Sprachinsel trug mich zur Mündung: der Lyrik.« Sie schreibt Gedichte und malt, womit sie sich ein Refugium geschaffen hat, in dem der Kontakt zu anderen Menschen eher spärlich ist. Sie fühlt sich wie zwischen zwei Welten und schwankt zwischen der Ablehnung der profanen Welt und des Alltags und dem Wunsch nach mehr Austausch mit anderen.
Zusammenfassung:

- Sprachinsel = Andersartigkeit/Neid
- Mündung der Lyrik = Sublimierung
- Wunsch nach mehr Austausch = zu viel Sublimierung verringert die Möglichkeit der Verständigung
- Lyrik als Selbstausdruck = Grundbedürfnis nach intuitiver Verständigung

Fallbeispiel 2: Herr L. ist 32 Jahre alt, hat Physik studiert und jahrelang nebenher in einem Fotoladen gearbeitet. Er fotografiert sehr gerne und hat viel Gespür für Ästhetik. Er ist eher eine zurückhaltende Person und wirkt auf andere manchmal reserviert. Seine ganze Leidenschaft gilt den minutiösen Aufnahmen von Pflanzen und Tieren. Er berichtet, dass ihm die Arbeit mit Zahlen und Versuchsreihen genauso großen Spaß machen würde und dies für ihn eine Welt sei, zu der andere nur bedingten Zugang haben. Er neigt dazu, seine Gefühle eher zu verbergen, manchmal versteckt er diese sogar vor sich selbst, und zur Außenwelt verspürt er häufig einen großen Abstand. Neuerdings beschäftigt er sich mit Zigarren, nicht nur Geschmack und Herstellung interessieren ihn, sondern auch die Brenneigenschaften. So hat er ein dezidiertes System geschaffen, wie er die Zigarren bewertet. Er inszeniert diese Zigarren, fotografiert deren Rauch und die Asche und erschafft so Kunstwerke.

Zusammenfassung:

- Gespür für Ästhetik = Sublimierung
- Abstand zur Welt = Lebensthema Neid
- Zigarren-Kunstwerke = Sublimierung im Veredelungsprozess

Struktur 5

Fokus der Aufmerksamkeit: Untersuchen/Analysieren

Die Aufmerksamkeit der Struktur 5 ist sehr stark mental ausgerichtet und nimmt einen beobachtenden und analysierenden Bewusstseinszustand ein. Menschen mit dieser Struktur konzentrieren sich auf Gedanken, Analysen, Beobachtungen und Theorien, um sich so einen Überblick zu schaffen. Ihre Lebensbereiche werden automatisch segmentiert, ihre Gefühle behalten sie für sich und unterteilen diese, wie das Wissen, in verschiedene Kategorien. Sie ziehen sich automatisch in die Welt ihrer Gedanken zurück und verlieren leicht den Zugang zur unmittelbaren Erfahrung, selbst wenn sie gerade im Kontakt mit anderen sind. Sie sind auf der Suche nach einem sicheren Ausgangspunkt, von dem aus sie die Welt verstehen können. Eine Person mit dieser Struktur würde das selbst wie folgt beschreiben: »Beobachtung und Analyse sind wichtig, um die Welt durchdringen und verstehen zu können. Wissen ist Grundvoraussetzung, um in der Welt zu existieren. Sich zu stark persönlich einzulassen, birgt die Gefahr in sich, dass Verwirrung und unklare Verhältnisse entstehen. Im Austausch mit anderen brauche ich vor allem Orientierung in der Frage, worum es gerade geht. Wenn ich selbst keine Klarheit habe, dann werde ich unsicher oder auch mal ärgerlich und versuche, für Überblick zu sorgen. Es muss gesichert sein, dass ich nicht zu sehr emotional bedrängt werde. Die Untersuchung und das Ergründen der Dinge, die mich interessieren, haben Vorrang. Das Erforschen kann sich auch auf die menschliche Natur beziehen.«

Lebensthema: Geiz

Der Ich-Geiz der Enneagramm-Struktur 5 zeigt sich in der reduzierten Emotionalität und der reduzierten räumlichen Präsenz. Große Mengen an Informationen werden für ein fundiertes Wissen gesammelt. Die Kopfenergie ist stark entwickelt und führt dazu, dass sowohl der Körper als auch die Gefühle oft schwer wahrnehmbar sind, und Fünfer als unnahbar empfunden werden. Um den Überblick und die Orientierung zu behalten, verstärkt sich die Kopfenergie automatisch und es werden noch mehr Inhalte und noch mehr Wissen gesammelt. Da diese Energie nicht räumlich greifend ist, erkennt man sie eher an der Überpräsenz von Inhalten. Weil Orientierung und Überblick so zentrale Themen sind, sollen Emotionen nicht überhandnehmen, denn diese würden den Überblick gefährden. Der Ich-Geiz, nicht zu viel von sich zu zeigen, sorgt dafür, dass nicht zu viele Emotionen ins Spiel kommen und somit das Grundthema Orientierung gesichert bleibt.

Abwehr: Reduktion

Die Fünfer-Struktur basiert auf ausgedehnter Kopfenergie. Das Thema Sicherheit und Orientierung zeigt sich in einer systematischen Herangehensweise in vielen Bereichen des Lebens. Die Aufmerksamkeit ist auf Untersuchen und Analysieren ausgerichtet. Gefühle, sowohl bei sich selbst als auch bei anderen, sollen zugeordnet werden können. Die Reduktion des Selbst und auch die Reduktion von störenden Umwelteinflüssen ist die Abwehr. Das heißt, dass Gefühle, Impulse und Spontaneität nur in reduziertem Maße in die Welt gebracht werden. Gleichzeitig erfährt die Fünf damit eine Begrenzung, denn das erfahrungsgestützte Wissen ist aufgrund der Reduktion eingeschränkt. So bedingen Abwehr Reduktion und Lebensthema Ich-Geiz einander.

Fallbeispiel 1: Herr K. ist 53 Jahre alt und in der IT-Branche tätig. In seinem Fachgebiet gilt er als Experte und unterstützt andere oft mit seinem Wissen. Außerhalb seines Berufes redet er recht wenig über die Arbeit. Privat lebt er eher zurückgezogen und hält sich viel alleine in der Natur auf. Sein großes Hobby ist das Angeln und Fischen, und er hat darüber ein fundiertes Wissen. Den Fisch bereitet er selbst zu und lädt dann Freunde zum Abendessen ein. An diesen Abenden erläutert er dann meist ausführlich zahlreiche Details zum verzehrten Fisch, dessen Laichverhalten, den Fanggründen etc. Solche Gespräche können dann auch weiterführen zum Fischfang global, Klimaveränderung, Weltpolitik etc. Er sagt von sich, dass er gerne diskutiert, wenn es um interessante Themen geht. Beim sogenannten Small Talk zieht er sich meist in sich selbst zurück und sieht zu, dass er dem nicht allzu lange ausgesetzt ist. Er findet das einfach langweilig und belanglos und kann dem nichts abgewinnen.

Zusammenfassung:

- Inhalte wichtiger als Beziehungen = Ich-Geiz/Reduktion
- Small Talk ist belanglos = Fokus auf Wissensaustausch
- Fischabendessen = Vehikel, um Inhalte zu transportieren
- Fokus auf Inhalte = Grundbedürfnis und Vermeidung der Grundangst

FALLBEISPIEL 2: Frau E. ist 42 Jahre alt, im mittelständischen Unternehmen ihres Mannes tätig und dort für Personalfragen zuständig. Sie hat einen neuen Aufenthaltsbereich konzipiert und dabei sehr viel Energie und Aufmerksamkeit in jedes Detail gesteckt. Das ganze Projekt sollte gut durchdacht und in allen Einzelheiten auch sorgfältig ausgeführt werden. Die dazu nötigen Kontakte mit den Ausführenden waren für sie oft mühsam und auch überfordernd. Wenn sie jedoch darauf kam, ihr Projekt zu schildern, wurde sie sehr gesprächig und schilderte dem Gesprächspartner diesen Aufenthaltsraum in allen Einzelheiten. Sie hatte sich viele Gedanken darüber gemacht, welche Funktionen dieser erfüllen solle und wie die verschiedenen Bereiche (Entspannen, Essen, PC-Ecke etc.) gestaltet sein müssten. Auf Nachfrage, ob sie denn die Belegschaft mit einbezogen hätte, antwortete sie, dass sie einen Fragebogen verteilt hätte, auf denen diese ihre Bedürfnisse hätten ankreuzen können.

Zusammenfassung:

- Detailverliebtheit/Planung ohne Kontakt = Geiz
- Gesprächswachheit beim Thema = Reduktion auf das Thema
- Fragebogen statt Gespräch = Reduktion der eigenen Person/kein Erfahrungswert

Struktur 6

Fokus der Aufmerksamkeit: Beobachten/Prüfen

Äußere Erscheinungsbilder und Verhaltensweisen sowie menschliche Interaktionen werden überprüft und hinterfragt. Menschen mit der Struktur 6 suchen nach verborgenen Absichten und Motiven bei anderen und bei sich selbst. Das, was »dahintersteckt«, ist ein zentraler Aspekt der Wahrnehmung. Die Aufmerksamkeit beschäftigt sich unwillkürlich mit realen oder imaginierten Schwierigkeiten oder Gefahren in Vergangenheit und Zukunft. So dient die dauernde Beobachtung der Sicherheit. Jedoch immer in dem Bewusstsein, dass es die totale Sicherheit eben nicht geben kann. Deshalb wird der Aufmerksamkeitspegel immer hochgehalten.

Eine Person mit dieser Struktur würde das selbst wie folgt beschreiben: »Ich kann niemandem voll und ganz vertrauen, ich bin automatisch innerlich auf der Hut, das ist aber ein ganz natürlicher Zustand und ich bemerke das gar nicht weiter. Autoritäten, Gesetze und Regeln versprechen Halt und Sicherheit, aber trotzdem ist es besser und sicherer, alles zu hinterfragen, und allzu oft beweist die Realität, dass Zweifel berechtigt sind. Genaues Beobachten läuft wie von selbst und ist unterstützend, um mich zu orientieren.«

Lebensthema: Zweifel
Der Zweifel entsteht aus der strukturellen Beschaffenheit der Kopfenergie, die Sicherheit und Orientierung braucht. Jedoch ist diese Energie kreisend und deshalb beobachtend, um dieses Grundthema zu befriedigen. Der Zweifel der Sechs durchdringt alles und wird als selbstverständlicher Begleiter empfunden. Er erzeugt eine Ambivalenz allem und jedem gegenüber. Autoritäten sind ein ständig präsentes Thema. Sowohl in der unterwürfigen als auch in der rebellischen Variante der Struktur 6. Der Zweifel sorgt als Motor für eine fortwährende, geschärfte Aufmerksamkeit.

Abwehr: Projektion
Die Sechser-Struktur basiert auf der um sich kreisenden Kopfenergie. Das Sicherheitsthema zeigt sich durch die hohe Konzentration darauf, alles genau zu beobachten und zu prüfen. Die Projektion als Abwehr soll die Orientierung erhöhen. Indem in Situationen, in Personen und in mögliche Szenarien etwas hineinprojiziert wird, wird vermeintlich mehr Klarheit gewonnen und es entsteht subjektiv mehr Sicherheit. Die Begrenzung der Abwehr Projektion liegt darin, dass nur schwer zu unterscheiden ist, was reine Projektion ist und was auf realitätsgestützter Beobachtung basiert. Der Zweifel als Lebensthema soll durch die Abwehr Projektion zur Ruhe kommen, wird aber gleichzeitig dadurch verstärkt.

Fallbeispiel 1: Herr S. ist 44 Jahre alt, promovierter Biochemiker und arbeitet in einem großen Konzern als Manager. Er ist ein sehr genauer Beobachter und kann schnell erfassen, was oder wo etwas nicht stimmt. Diese Fähigkeit wird sowohl von seinen Mitarbeitern als auch Kollegen sehr geschätzt. Dies führt bei ihm aber auch dazu, dass er sich Sorgen macht und seine Gedanken nicht aufhören zu kreisen. Er entwirft immer wieder negative Szenarien, um auf das Schlimmste gefasst zu sein. Das beruhigt ihn, denn nun ist er für das Kommende gewappnet. Er erzählt, dass er im privaten Bereich für eine gewisse Zeit entspannt sein könne, dies verfliege jedoch schlagartig, wenn unvorhergesehene Dinge passieren. So berichtet er, dass er schweißnasse Hände bekommt, wenn er in seiner Wohnung seinen Schlüssel gerade nicht findet, obwohl er mit eben diesem gerade die Tür aufgeschlossen hat. In seinem Kopf läuft dann automatisch ein ganzer Film ab, dass es nun notwendig sein wird, die komplette Schließanlage des Hauses auszutauschen, sollte der Schlüssel nicht mehr auftauchen.

Zusammenfassung:

- Was oder wo etwas nicht stimmt = Zweifel/Problembezogenheit
- Auf das Schlimmste gefasst zu sein = Projektion
- Das Kopfkino = Zweifel/Projektion in die Zukunft

Fallbeispiel 2: Frau H. ist 49 Jahre alt und als Therapeutin tätig. Sie legt sehr viel Wert auf eine permanente Fortbildung. Trotzdem ist sie sich nicht sicher, ob sie ausreichend qualifiziert ist für ihre Tätigkeit. Sie fragt sich immer wieder, ob sie das Erlernte gut anwendet. Sie zögert recht lange, bevor sie eine neue Methode oder Technik anwendet, denn sie meint, dass ihr hierfür noch die nötige Sicherheit fehle. Darauf angesprochen, dass sie diese dann auch nicht erhalten könne, antwortet sie, das sei ihr natürlich bewusst und sie empfände es auch als störend, so unsicher und zögerlich zu sein. Trotzdem könne sie nicht über ihren Schatten springen. In Gesellschaft mit anderen »scannt« sie ihre Umgebung und die Leute ab, damit sie sich einen Überblick verschaffen kann. Erst wenn sie sich sicher fühlt, gibt sie ihre Reserviertheit auf.

Zusammenfassung:

- Permanente Fortbildung = Zweifel an der eigenen Kompetenz
- Zögern = Projektion/Sicherheit
- Begrenzung durch Unsicherheit = Zweifel an sich selbst
- Zweifel an der Qualifikation = Grundangst

Struktur 7

Fokus der Aufmerksamkeit: Erfahrung/Erleben

Die Aufmerksamkeit ist auf mehreren mentalen Ebenen beschäftigt, die assoziativ verknüpft werden. Die Wahrnehmung geht nach außen und nimmt dort alle vorhandenen Möglichkeiten wahr. Siebener wirken meist sehr energiegeladen und mental sprunghaft. Was sie ins Zentrum ihrer Aufmerksamkeit stellen, ist unterschiedlich und abwechslungsreich. Die Vielfalt ist das Motto und so vielfältig sind auch die Themen, Aktivitäten, Pläne und Möglichkeiten, die sich ergeben. Dies führt dazu, dass sie in einem Moment ultra-belastbar sind und im nächsten von den eigenen Aktivitäten völlig erschöpft. Eine Person mit dieser Struktur würde das selbst wie folgt beschreiben: »Bei schmerzlichen und bedrohlichen Zuständen habe ich Angst und das überwältigende Gefühl, die Kontrolle zu verlieren. Ich versuche dem durch Schnelligkeit zu entgehen und indem ich den Ball immer am Laufen halte. Viel Energie und Bewegung bringen Sicherheit oder zumindest Erleichterung. Wenn nicht immer etwas in Bewegung ist, fehlt etwas Elementares. Es ist wichtig, möglichst viel umzusetzen und Möglichkeiten nicht verstreichen zu lassen.«

Lebensthema: Gier

Die umfunktionierte Kopfenergie der Enneagramm-Struktur 7 versucht, durch die Flucht nach vorne Sicherheit und Überblick zu gewährleisten. Sie ist die schnellste aller neun Energieausformungen, weil sie flüchtig ist und dabei ständig neu im Kopf erzeugt wird. »Neu-Gier« ist deshalb der erste Impuls dieser Struktur. Wenn man sich mental auf alles und jeden gleichzeitig stürzt, dann behält man am besten den Überblick und vermeidet bedrohliche Zustände. Die Gier entsteht aus der mental-impulshaften Ausformung der Kopfenergie und diese kennt wenig Grenzen. Durch die Schnelligkeit der Denkweise und das hohe Assoziationsvermögen kann der Siebener Ideen und Vorstellungen auch als Einfälle sehen, die kognitiv landen und sofort eine Reaktion hervorrufen, und damit wieder die Gier nähren.

Abwehr: Rationalisierung

Die Siebener-Struktur basiert auf flüchtender Kopfenergie. Das Thema Sicherheit und Orientierung zeigt sich durch die Aufmerksamkeit, die darauf gerichtet ist, möglichst viel zu erfahren und zu erleben. Durch die Vielfältigkeit der Einfälle und Aktivitäten soll Überblick entstehen und die große Menge erzeugt eine Sicherheit. Die Rationalisierung als Abwehr könnte man auch als »Verargumentierung« bezeichnen. Es wird dauernd erklärt, warum dieses oder jenes jetzt notwendig ist oder anders umgesetzt werden soll. Somit unterstützt die Abwehr das Lebensthema Gier. Die Begrenzung liegt darin, dass Siebener selbst Opfer ihrer Überzeugungsarbeit werden und ihre Grenzen nicht spüren. Dann tritt Überforderung ein und die Orientierung geht verloren.

Fallbeispiel 1: Frau G. ist 28 Jahre alt, als Sozialpädagogin tätig und war Feuer und Flamme für das Enneagramm. In zwei Coachingstunden wollte sie so viel wie möglich darüber erfahren. Sie war derartig begeistert, dass sie sich noch in der Nacht nach dem ersten Termin für ein Seminar anmeldete. Die zwei Wochen bis dahin überbrückte sie mit zwei weiteren Coachingterminen. Außerdem wollte sie all ihre inneren Anteile kennenlernen. In jeder Sitzung tauchten neue Aspekte auf, die es zu beleuchten galt. Im Seminar dann, als jeder ein Anliegen formulieren sollte, wurde es äußerst schwierig für sie. Kaum war ihr Anliegen am Flipchart formuliert, wollte sie es gerne abändern oder noch etwas hinzufügen. Sie musste selbst darüber lachen, da es ihr einfach nicht möglich war, eine ausreichende und umfassende Formulierung zu finden. Ihre Sorge war groß, etwas zu verpassen, wenn sie sich auf ein einziges Anliegen beschränken würde. Eine weitere Befürchtung war, dass nun alles, was sie im Leben verwirklichen wolle, durch ihre Beschäftigung mit dem Enneagramm zu kurz kommen könnte. Deshalb überzeugte sie sich und andere dauernd davon, dass es notwendig ist, so viele Dinge anzugehen, denn schließlich sei sie noch jung und wolle das Leben in vollen Zügen ausschöpfen. Allerdings, so gab sie zu, verhindere dieses Alles-gleichzeitig-erleben-Wollen auch immer wieder, dass sie von ihren unzähligen Plänen etwas zu Ende brächte.

Zusammenfassung:

- Vielwissen/Hinzufügen/zu kurz kommen = Gier
- Nicht ausreichend = Gier nach Mehr
- Überzeugt sich und andere = Rationalisierung
- Unbeschränktheit = Grundangst
- In vollen Zügen ausschöpfen = Grundbedürfnis

Fallbeispiel 2: Herr S. ist 75 Jahre alt, er hat vielfältige Interessen, ist Mitglied in vielen Vereinen und Gesellschaften, die mit Natur, Kultur, Musik und Architektur zu tun haben. Aufgrund des vielfältigen Engagements ist er viel auf Reisen und plant diese sorgfältig. Durch seine zahlreichen Immobilien ist er »immer auf Achse« und sehr häufig mit Handwerkern und Mietern zugange. Nebenbei ist er auch noch ehrenamtlich im örtlichen Hospiz tätig. Familienmitglieder, die sich nicht von seinen Plänen mitziehen lassen, werden so lange überzeugt, bis sie mit von der Partie sind. Die unterschiedlichen Aktivitäten sind meist lange im Voraus geplant.

Zusammenfassung:

- Vorausplanung = Gier/Optimierung von Zeit
- Überzeugungsarbeit = Rationalisierung
- Pläne und Ideen als zentrale Lebensplanung = Gier
- Vielfältige Engagements = Grundbedürfnis

Struktur 8

Fokus der Aufmerksamkeit: Territorium/Raum

Die Aufmerksamkeit geht automatisch nach außen und hat das Ziel, herauszufinden, wer Freund und wer Feind ist, und wie die Machtverhältnisse beschaffen sind. Ungerechtigkeit wird schnell und stark empfunden und es gibt ein instinktives Gespür dafür, wenn der eigene Raum bedroht ist. Die Grenzen des Territoriums werden bewacht, nur Freunde haben Zutritt. Die Selbstbestimmtheit spielt eine große Rolle, damit die Souveränität gewahrt bleibt. Eine Person mit der Struktur 8 würde das selbst wie folgt beschreiben: »Das Leben bedeutet immer auch Kampf, dafür muss ich gewappnet sein, denn nur die wirklich Starken setzen sich durch. Ich muss sehen, dass ich mir in dieser Welt Respekt verschaffe, potenzielle Gegner rechtzeitig erkenne und mich nicht unterkriegen lasse. Es ist wichtig, in kritischen Situationen die Oberhand zu behalten.«

Lebensthema: Lust

Die Lust der Enneagramm-Struktur 8 dominiert die Wahrnehmung. Der Fokus ist auf das Lusthaben oder das Fehlen von Lust ausgerichtet und äußert sich absolut und instinkthaft. Die expansive Form der Bauchenergie ist die räumlich präsenteste aller Energien und am wuchtigsten in ihrer Wirkung. Die expansive Bauchenergie dehnt sich naturgemäß aus. Menschen mit dieser Struktur werden oft von sich selbst überrollt und überrollen andere durch das Lebensthema Lust. Dieses entspringt ganz natürlich und selbstverständlich der territorialen, autonomen Bauchenergie. Die Vermeidung der Lust und der damit verbundenen energetischen Präsenz kann genauso bestimmend sein. Vor allem bei Frauen mit der Struktur 8 ist dies häufig der Fall, sie wollen diese von anderen empfundene Präsenz eindämmen und reduzieren.

Abwehr: Ignoranz
Die Achter-Struktur basiert auf expansiver Bauchenergie: Das Thema Autonomie und Raum zeigt sich in der Aufmerksamkeit so, dass das eigene Territorium im Blick behalten und der Raum gesichert werden soll. Die Abwehr der Achter-Struktur, die Ignoranz, äußert sich darin, dass störende und unliebsame Dinge zwar wahrgenommen werden, ihnen Relevanz aber aberkannt wird. In dieser Nichtbeachtung steckt das Lebensthema Lust haben/keine Lust haben. Die Begrenzung liegt darin, dass dadurch Dinge, Personen und Ereignisse nicht in Ihrer Bedeutung erkannt werden und dann umso stärker das Territorium bedrohen können.

Fallbeispiel 1: Herr F. ist 47 Jahre alt, im Vertrieb tätig und eine Frohnatur. Er kann schnell Kontakt aufbauen und geht sehr direkt auf die Leute zu. Ihm liegt viel daran, mit Leuten im Klartext zu kommunizieren. Für seine Verkaufsargumentation hat er das 3-Nutzen-Prinzip erfunden. Dafür braucht er drei Finger und damit macht er dem Kunden deutlich, wo die drei wesentlichen Nutzen für das Produkt liegen. Es nervt ihn immer wieder, wenn Leute sich defensiv oder »schlangenlinienartig« verhalten. Dafür hat er kein Verständnis. Er will, dass die anderen genauso direkt und klar kommunizieren wie er. In seiner Partnerschaft hält er seine schützenden Fittiche über seine Frau. Er sorgt für ihren finanziellen Rückhalt und bietet ihr ein sorgenfreies Leben. Man spürt deutlich, wie viel ihm die Familie und seine Frau bedeuten, doch das wird meist hinter einem lockeren Spruch kaschiert. Er erläutert, dass er es hasst, wenn er z. B. von seinem Chef reglementiert wird. Das empfindet er als Angriff auf seine Souveränität, und er fühlt sich gekränkt. Darauf reagiert er meist mit Rückzug und straft den Chef mit Nicht-Kommunikation ab. Wenn dann einige Zeit verstrichen ist, erhöht er seine »Taktzahl« und zeigt dem Vorgesetzten anhand seines Umsatzes, dass er das beste Pferd im Stall ist und keine Zügel braucht.
Zusammenfassung:

- Bevormundung durch andere = Lustprinzip/keine Lust
- Der Beste sein = Lustprinzip/Lust
- Reglementierung von außen = Grundangst
- Ohne Zügel = Grundbedürfnis

Fallbeispiel 2: Frau L. ist 49 Jahre alt und Personalberaterin. Sie macht einen zurückhaltenden und eher sanften Eindruck. In ihrer Arbeit legt sie großen Wert darauf, dass sie mit ihren Kunden wertschätzend und personenzentriert arbeitet. Sie berichtet, dass es ihr sehr wichtig ist, dass der andere genügend Raum hat. Sie selbst hat eher Mühe damit, sich den Raum zu nehmen. Sie reagiert empfindlich darauf, wenn andere sich zu sehr in den Vordergrund drängen oder andere einengen. Privat ist sie sorgfältig in Beziehungen und möchte, dass jeder seinen Platz erhält. Sie reagiert mit Anspannung und körperlichem Unwohlsein, wenn jemand zu eigenmächtig handeln möchte oder systematisch andere übergeht. Dies führt dazu, dass bei ihr ein innerer Druck entsteht. Sie fühlt sich wie ein Kessel kurz vor dem Platzen. Trotz ihrer eher zurückhaltenden Art wird sie dann im Ton und in der Wirkung recht massiv. Es ist ihr unangenehm, dass sie dann vielleicht dominanter auf andere wirkt, als sie dies möchte. In solchen Situationen besteht das Risiko, dass sie die Situation abrupt verlässt und weggeht oder sogar den Kontakt abbricht.

Zusammenfassung:

- Innerer Druck = Unterdrückung der Lust
- Massiv werden = Lebensthema Lust bricht durch
- Einengung durch andere = Grundangst
- Jeder erhält seinen Platz = Grundbedürfnis

Struktur 9

Fokus der Aufmerksamkeit: Wahrnehmen/Ausblenden

Menschen mit der Enneagramm Struktur 9 fällt es schwer, in ihrem Inneren zielgerichtet zu bleiben. Die Aufmerksamkeit streut und geht überall und nirgends hin. Priorisieren und Wichtiges von Unwichtigem zu unterscheiden, ist eine ständige Aufgabe. Manche Neuner sind äußerst aktiv und wirken sehr zielgerichtet, andere sind wiederum eher passiv und wenig aktiv. Insgesamt ist jedoch der Aufmerksamkeitsstil aufnehmend, mit vielem verbunden, wie ein Weitwinkelobjektiv. Statt einem Fokus werden lieber mehrere Standpunkte eingenommen. Eine Person mit dieser Struktur würde das selbst wie folgt beschreiben: »Ich kann mich in fast jede Perspektive hineinversetzen. Es ist manchmal nicht so wichtig, was ich gerade will. Es von vielen Seiten zu betrachten, ist für mich das Natürlichste, so kann ich mich auf vieles einlassen. Manchmal ist mir das aber auch zu viel. Stur auf Standpunkten zu beharren, bringt nicht viel und ist anstrengend.«

Lebensthema: Trägheit

Die Trägheit führt im Innersten zu einer tiefen Selbstvergessenheit und einem diffusen Lebensgefühl. Die Selbstvergessenheit kann sowohl durch Aktivität als auch Passivität überlagert sein. Das Interessante daran ist, dass diese Selbstvergessenheit nicht gespürt wird. Gerade aktive Neuner kämen nicht auf die Idee, dass sie oft kein Zentrum in sich spüren. Die blockierte Bauchenergie führt dazu, dass das grundlegende Thema Autonomie nicht mehr wahrgenommen wird. Deshalb wird automatisch innerlich alles verlangsamt, und es existiert ein Raum, in dem nichts ist und der selbst ganz ruhig ist. Dies ist die Form, wie Autonomie aufrechterhalten wird, denn an diesen Ort kann niemand vordringen. Dieser Vorgang ist meist recht unbewusst. Durch die Blockierung der Impulse ist es schwer möglich, dieses Territorium aktiv nach außen zu etablieren. Dieser gedämpfte Zustand der Bauchenergie (nicht unbedingt des Menschen!) ist schwer wahrnehmbar, denn es gibt bei dieser Ausformung der Bauchenergie wenig zu fassen.

Abwehr: Betäubung

Die Neuner-Struktur basiert auf gedämpfter Bauchenergie. Das Thema Autonomie und Raum zeigt sich durch die Aufmerksamkeit darauf, viel wahrzunehmen und gleichzeitig viel auszublenden. Dies schafft ein großes Wahrnehmungsspektrum, welches durch die Abwehr Betäubung jedoch wie weichgezeichnet ist. Durch die Beliebigkeit entstehen Möglichkeiten und damit Raum für diese Möglichkeiten. Diese sind jedoch nicht immer klar fassbar und es geht mehr um den Konjunktiv als um Inhalte. Somit unterstützt die Betäubung die Trägheit als Lebensthema. Die Begrenzung liegt darin, dass durch den oft nur schwach wahrnehmbaren eigenen Willen die Autonomie mangels einer klaren Positionierung verloren gehen kann.

Fallbeispiel 1: Frau Sch. ist 62 Jahre alt und in einem Konzern für den internationalen Vertrieb tätig. Bei ihren Kollegen und Mitarbeitern ist sie sehr beliebt. Sie ist in ihrer Art sehr umgänglich und gilt als Vermittlerin, wenn es zu Konflikten kommt. In ihrem Fachbereich können alle Mitarbeiter mit jedem Anliegen zu ihr kommen. Sie ist dafür bekannt, dass Gespräche mit ihr auch länger dauern können. In diesen Gesprächen entsteht immer eine wohlige Atmosphäre. Frau Sch. hat jedoch immer wieder das Gefühl, dass ihr die anderen ihre Zeit und Energie stehlen, aber so schlimm findet sie das dann auch wieder nicht. Sie ist für die Firma oft im Ausland unterwegs und führt Verhandlungen. Auf diesen Reisen ist sie sehr aktiv und hält das ganze Team auf Trab. In Besprechungen ist sie fokussiert und ergebnisorientiert. Sie berichtet, dass ihr sehr bewusst ist, dass sie vor Ort nur begrenzt Zeit hat und dass diese Zeit dann auch optimal genutzt wird. Dies sind ihre energetischen Highlights im Berufsleben, denn sie findet es interessant und herausfordernd, in knapp bemessener Zeit viel zu bewegen. Im Privatbereich liest sie sehr gerne Zeitung und macht es sich gemütlich. Sie braucht einfach ihre Ruheinseln, in denen sie sich treiben lassen kann.

Zusammenfassung:

- Lange Gespräche/Zeit, Energie stehlen = Trägheit/keine Grenzen
- Relativierung »nicht so schlimm finden« = Betäubung
- In begrenzter Zeit viel bewegen = Energiemanagement =Trägheit/Die Kugel rollt
- für jedes Anliegen ansprechbar = Grundbedürfnis

Fallbeispiel 2: Frau H. ist 48 Jahre alt, als Führungskraft tätig und hat drei Kinder. Sie hat einen großen Freundeskreis und es gibt kaum ein Wochenende, an dem nicht etwas los wäre. Da die Kinder noch mehreren Hobbys nachgehen, ist sie auch damit beschäftigt, die Kinder zu »kutschieren«. In der Nachbarschaft ist sie bekannt für ihre Zugewandtheit und so stehen häufig Leute vor der Tür. Da ihre Kinder auch gerne andere Kinder mitbringen, ist das Haus eigentlich immer voll. Frau H. träumt jedoch immer wieder davon, dass sie dann ihre Ruhe hat, wenn alles erledigt ist. Sie malt sich aus, wie es wäre, wenn überhaupt niemand da ist. Manchmal vergisst sie bei all den vielfältigen Erledigungen allerdings die Vorstellung von der ersehnten Ruhe. Im Kontakt wirkt Frau H. äußerst aufgeschlossen und unterhaltsam. Deshalb wird sie auch gerne zu Festen eingeladen. Sie erzählt, dass es eben oft einfacher wäre, Einladungen zuzusagen, als sich schlecht zu fühlen, wenn man absagen würde. Sie bringt Dinge lieber schnell hinter sich, als sich unter Umständen mit eigenen Grenzen oder den Grenzen von anderen beschäftigen zu müssen. Dies zieht sich wie ein roter Faden durch ihr Leben. Frau H. berichtet, dass sie ganz plötzliche Wutausbrüche hat, wenn aus irgendeinem Grund das Maß bei ihr voll ist, dann wird sie sehr grundsätzlich und hält ihren Kindern und ihrem Mann Predigten. Alle Regeln, die sie dann in diesem Zusammenhang aufstellt, halten allerdings nicht lange.

Zusammenfassung:

- Verfügbarkeit/Ruhewunsch = Trägheit/Die Kugel rollt
- Die Ruhe vergessen = Trägheit/Betäubung
- Zusagen statt Absagen = Betäubung/Bedürfnisse nicht spüren
- Spontane Wutausbrüche/Konzept der späteren Ruhe scheitert = Grundangst
- Einladungen zusagen = Trägheit/Grundbedürfnis

Stress- und Entwicklungslinien

Das Thema der Stress- und Entwicklungslinien ist aus meiner Sicht recht komplex, weil es eine genaue Kenntnis der einzelnen Strukturen und der damit verbundenen psychischen Abläufe bedarf. Da dies wesentliche Aspekte in der Dynamik des Enneagramm sind, möchte ich beides jedoch kurz erläutern, wohl wissend, dass diese Themen hier nur kurz angerissen werden.

Das Modell des Enneagramms zeigt zwischen den einzelnen Persönlichkeitsstrukturen Verbindungslinien auf. In Pfeilrichtung ergibt sich die Bewegung zum *Entwicklungspunkt*, entgegen der Pfeilrichtung verortet sich der *Stresspunkt*. Ich gehe davon aus, dass das höchste Risiko, durch das »strukturelle Loch« in das Erleben des Stresspunktes zu geraten, interessanterweise bei der Stärke der jeweiligen Enneagramm-Struktur entsteht. Die sekundäre Abwehr (also die des Stresspunktes) übernimmt zur Stabilitätssicherung. Strukturgebundenes Erleben und damit auch die Möglichkeit, das Potenzial daraus zu schöpfen, verringern sich und die eigene Struktur wird instabil. So ist es dann möglich, dass man in das Erleben der Struktur des Stresspunktes geradezu »hineinfällt«.

Der Entwicklungspunkt hingegen bedeutet eine *Erweiterung* im strukturgebundenen Erleben. Der Einsatz der Prä-Tugend (Tugend des Entwicklungspunktes) erhöht die Beweglichkeit der eigenen Struktur und die Steuerungsfähigkeit, das darin enthaltene Potenzial auch zu nutzen. Was im Folgenden in einer reinen Aufzählung beschrieben ist, entspricht komplexen psychischen Prozessen.

Ablaufprozess der strukturellen Schwächung:

- Überschätzung der Stärke
- Stärke der jeweiligen Struktur wird zur Fixierung
- Primäre Abwehr fördert die Fixierung auf die Stärke
- Durch Fixierung auf die Stärke wird das Grundthema (Autonomie, Beziehung oder Sicherheit) genährt und die Grundangst wird vermieden
- Die Fixierung wird zur Autobahn ohne Ausfahrt
- Die primäre Abwehr erschöpft sich
- Verlust des Grundthemas
- Aktivierung des Gegenpols der Stärke (siehe Seite 61)
- Beschädigung des positiven Selbstbildes

- Sekundäre Abwehr übernimmt/soll als Gegengift wirken gegen den Verlust des positiven Selbstbildes
- Sekundäre Abwehr wird zur primären Abwehr
- Das strukturelle Gefüge der eigenen Struktur wird instabil

Ablaufprozess der strukturellen Stärkung:
- Akzeptanz des Gegenpols
- Gegenpol als Ressource erkennen und nutzen
- Einsatz der Prä-Tugend
- Balance zwischen Grundbedürfnis und Grundangst
- Ein adäquates Maß an struktureigener Abwehr
- Zugang zum Potenzial des Lebensthemas

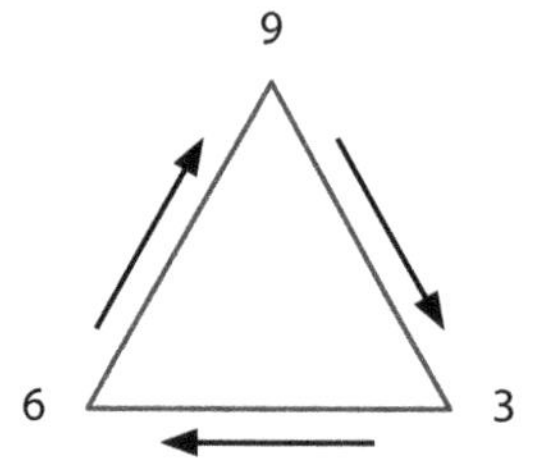

Abb. 21: Entwicklungslinien im inneren Dreieck

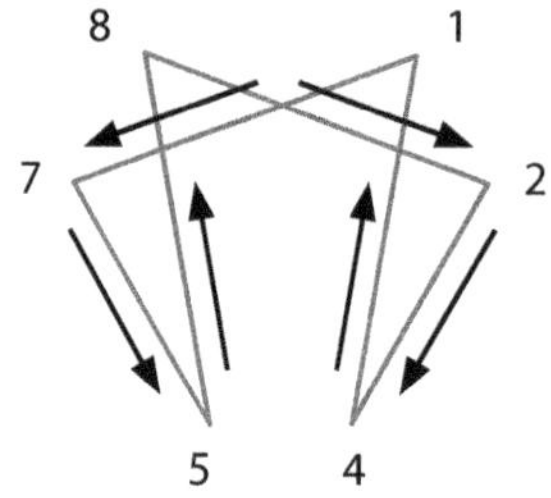

Abb. 22: Entwicklungslinien im Sechszack

Trickster/Gestaltenwandler am Entwicklungspunkt

Ein weiterer hochspannender Aspekt ist das Phänomen des *Tricksters/Gestaltenwandlers*. Bei manchen Autoren wird er als »Seelenkind« beschrieben. Vieles was zum »Seelenkind« geschrieben wurde, sind ganz wesentliche Betrachtungsweisen, jedoch erscheint mir dieser Aspekt der Psyche noch wesentlich komplexer, denn der Entwicklungspunkt bedeutet auch mehr *Bewusstsein* und auf dem Weg in diesen Zustand von mehr Bewusstsein entstehen interessante psychische Bewegungen. Nach längerem Forschen stieß ich bei C. G. Jung auf den passenden Begriff. Der Trickster, als Zustand oder auch innerer Anteil der Psyche, taucht tatsächlich vermehrt (aber nicht nur) in den Aspekten des Entwicklungspunktes auf, er tarnt sich damit an dieser Stelle. Er ist keineswegs nur in einer kindlichen Variante zu sehen, sondern kann in allen Altersstufen repräsentiert sein.

Vielleicht kennen Sie das Brettspiel »Scotland Yard«. Ziel des Spiels ist es, Mister X zu fangen. Ein Spieler ist Mister X und die anderen Spieler sind die Detektive. Mister X macht seine Spielzüge die meiste Zeit im Verborgenen und muss nur an bestimmten Punkten auf dem Spielbrett sichtbar werden, um dann wieder zu verschwinden. So könnte man den Entwicklungspunkt als die Stelle sehen, an der das Tricksterphänomen auftaucht. Deshalb bin ich auch recht zögerlich, was den Entwicklungspunkt betrifft, denn gerade der Trickster findet es eine gute Idee, sich dessen zu bemächtigen.[9] Er zeichnet sich dadurch aus, dass er manchmal erhascht wird, um dann wieder ins Unbewusste zu verschwinden. Wenn die Strategien durchschaut werden, kann er als Impulsgeber für strukturgebundene Entwicklung dienen. Wenn ihm »auf den Leim« gegangen wird, dann ist der Entwicklungspunkt eine Sackgasse, die zwar Entlastung bringt, aber nicht wirklich weiterführt.

[9] Ausführliches zum Trickster: C. G. Jung, *Die Archetypen und das kollektive Unbewusste*, Kapitel 9, Zur Psychologie der Tricksterfigur, Patmos Verlag, 5. Auflage 2011, S. 274–290.

Trickster/Gestaltenwandler

Befreiung

Sorgt für Entlastung und Ausstieg aus den einschränkenden Aspekten.

Verschleierung

Die wesentlichen Aspekte der Struktur sind weniger sichtbar.

Instrumentalisierung

Abwehr- und Lebensthema des Entwicklungspunktes werden eingesetzt.

Imitation

Die Gestalt des Entwicklungspunktes wird angenommen.
→ Gestaltenwandler

Bagatellisierung

Die Grundangst hat vermeintlich keine Bedeutung mehr.

Ablenkung

Die Motivation für prozesshafte Entwicklung verschwindet.

Der Trickster taucht vorzugsweise am Entwicklungspunkt auf. Wenn die Strategien durchschaut werden, so kann er als Impulsgeber für strukturgebundene Entwicklung dienen.
Wenn ihm »auf den Leim« gegangen wird, dann ist der Entwicklungspunkt lediglich der Entlastungspunkt.

Enneagramm-Strukturen und Klischees

Modelle können nicht die Wirklichkeit erfassen, so wie eine Landkarte nicht die Landschaft ist. In unserem Bedürfnis nach Orientierung und Zusammenhängen entstehen z. B. durch Wiederholung, unreflektierte Übernahme, persönliche Erfahrungen, die generalisiert werden, sogenannte Klischees. Auch die ursprünglich gute Absicht, eine Struktur mit einem Begriff zu charakterisieren, erhöht das Risiko von Klischees. Daher halte ich es für nützlich, einige davon an dieser Stelle zu erwähnen.

Meine persönliche Hitliste der Enneagramm-Klischees:
- Einser sind ordentlich.
- Zweier helfen gerne.
- Dreier sind erfolgreich.
- Vierer sind kreativ.
- Fünfer sprechen wenig.
- Sechser haben Angst.
- Siebener sind aufgedreht.
- Achter sind durchsetzungsfähig.
- Neuner sind träge.

Neun gute Gründe für das Verhalten am Beispiel Ordnung:
- Einser sind ordentlich, weil sie Wert auf Genauigkeit legen.
- Zweier sind ordentlich, weil sie hoffen, dafür geliebt zu werden.
- Dreier sind ordentlich, weil jeder ihre Ordnung bewundert.
- Vierer sind ordentlich, weil dann alles so schön stimmig wirkt.
- Fünfer sind ordentlich, weil sie dann noch mehr sammeln können.
- Sechser sind ordentlich, weil sie auf jeden Fall alles parat haben wollen.
- Siebener sind ordentlich, weil dies Zeit spart.
- Achter sind ordentlich, weil sie es einfach so haben wollen.
- Neuner sind ordentlich, weil es dann weniger anstrengend ist.

Diese Gründe können weitere, potenziell unbegrenzte Antworten bieten.
Beispiel Genauigkeit (Grund der Struktur 1):

- Einser legen Wert auf Genauigkeit, weil sie das Bedürfnis haben zu kontrollieren, ob es richtig ist.
- Zweier legen Wert auf Genauigkeit, weil sie dafür Anerkennung bekommen, wie hilfreich sie sind.
- Dreier legen Wert auf Genauigkeit, weil das für ihre Projekte unterstützend ist.
- Vierer legen Wert auf Genauigkeit, weil das ihrem subjektiven Empfinden entspricht.
- Fünfer legen Wert auf Genauigkeit, weil sie dadurch noch mehr Wissen verarbeiten können.
- Sechser legen Wert auf Genauigkeit, weil sie sich dadurch sicherer fühlen.
- Siebener legen Wert auf Genauigkeit, weil es mehr Möglichkeiten schafft.
- Achter legen Wert auf Genauigkeit, weil sie sich dadurch souverän fühlen.
- Neuner legen Wert auf Genauigkeit, weil es ihnen Struktur gibt.

Neun gute Gründe für das Verhalten am Beispiel Helfen:

- Einser helfen, weil sie damit andere bei deren Optimierung unterstützen möchten.
- Zweier helfen, weil sie spüren, was der andere braucht.
- Dreier helfen, weil das beim Anderen gut ankommt.
- Vierer helfen, weil dies ihrem intuitiven Gefühl entspringt.
- Fünfer helfen, weil damit Orientierung entsteht.
- Sechser helfen, weil sie es als Pflicht ansehen.
- Siebener helfen, weil auch die anderen ihre vielen Möglichkeiten nutzen sollen.
- Achter helfen, weil sie gerne andere unter ihre Fittiche nehmen.
- Neuner helfen, weil ihnen das im ersten Moment als einfach erscheint.

Beispiel Pflicht (Grund der Struktur 6):

- Einser sind pflichtbewusst, weil sie sich selbst davon überzeugt haben, dass es sein muss.
- Zweier sind pflichtbewusst, weil sie andere nicht enttäuschen möchten.
- Dreier sind pflichtbewusst, weil es nützlich für sie ist.
- Vierer sind pflichtbewusst, weil sie Halt suchen.
- Fünfer sind pflichtbewusst, weil es ihnen einen Rahmen bietet.
- Sechser sind pflichtbewusst, weil dies ihrem Selbstbild entspricht.
- Siebener sind pflichtbewusst, weil es ihren Plänen dienlich ist.
- Achter sind pflichtbewusst, weil sie von sich selbst verlangen, alle Anforderungen zu erfüllen.
- Neuner sind pflichtbewusst, weil das oft der einfachere Weg ist.

Dies sind ganz willkürlich gewählte Antworten, denn keine der oben geschriebenen Sätze kann eine Auskunft über eine Struktur geben, die ein ganzes Gewebe bildet. Und sehr häufig sind die Verhaltensweisen oder Motivationen durch eine Kontextüberlagerung entstanden.

Verhaltensweisen können die Beschriftung von Türen sein, die in die Atmosphäre der jeweiligen Enneagramm-Struktur führen. Diese Beschriftung ist jedoch zweidimensional und erst durch das Öffnen der Tür und der Begehung und Erfassung des ganz individuellen Raums der betreffenden Person entsteht der gesamte persönliche Kontext.

~ Teil II ~
Das Triadische Prinzip

Balance und Oszillation in der Triade

Die Triade ist die Basis des Enneagramm-Modells. Gleichzeitig ist sie aber auch, unabhängig vom Enneagramm, ein Modell, mit dem man gezielt psychische Prozesse begleiten kann. Wie Bauch, Herz und Kopf genau zu verstehen sind, ist eine wichtige Voraussetzung, um zu begreifen, was für unterschiedliche Effekte es in den jeweiligen Zentren geben kann. Dies ist wiederum nur bedingt von der jeweiligen Enneagramm-Struktur abhängig und sollte getrennt davon erfasst und betrachtet werden. Es gibt eine Vielzahl an Möglichkeiten, warum eines oder mehrere der drei Zentren nicht oder nur eingeschränkt zugänglich ist bzw. sind.

Ziel in der Arbeit mit der Triade ist es, persönliche Themen von der Enneagramm-Struktur unterscheiden zu können und die Triade sowohl als Instrument zur Offenlegung von Traumata und Dysfunktionen als auch zur Ressourcenarbeit zu nutzen.

Grundlegende Prämissen zur Triade:

1. Jeder Mensch ist in einem der drei Zentren primär verankert.
2. Alle drei Zentren in allen drei Aggregatzuständen sind in jedem Menschen vorhanden.
3. Der Ressourcenzustand des jeweiligen Zentrums ist individuell und multifaktoriell.

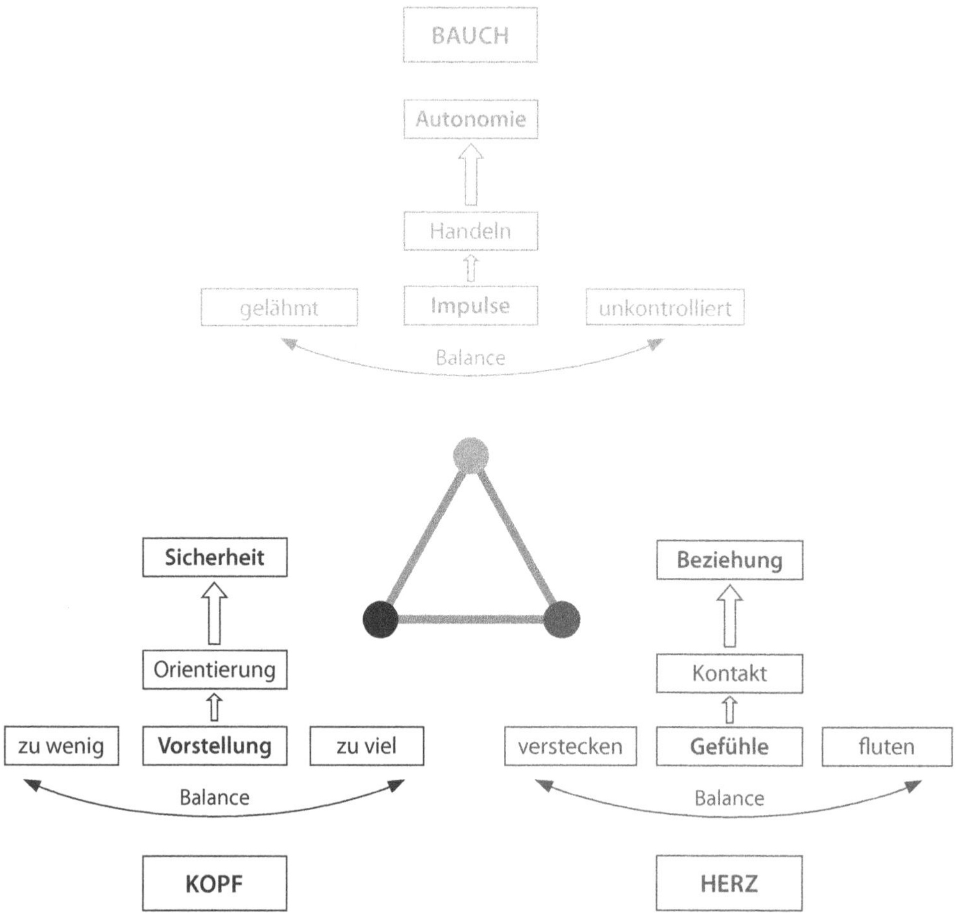

Abb. 23: Die Triade und ihre Ausprägungen

Für eine an Körperresonanz orientierte Erfahrung zu den drei Zentren lade ich Sie jetzt ein, eine kleine Erinnerungsreise durch Ihr Leben zu unternehmen.

Erinnerungsreise Bauch

Erinnern Sie sich an eine Zeit in Ihrem Leben, in der es darum ging zu handeln, sich einen Freiraum zu erkämpfen oder einfach nur ganz selbstständig etwas zu unternehmen. Möglicherweise wollten Sie eine Fernreise oder den Motorradführerschein machen, per Anhalter nach Frankreich reisen oder Sie setzten sich gegen Ihre Eltern durch, die etwas anderes für Sie geplant oder gewünscht hatten. Vielleicht fallen Ihnen spontane Impulse ein, die Sie ins Handeln gebracht haben, diese waren vielleicht zu unkontrolliert, Sie sind einfach der Urlaubsliebe hinterhergereist, um dann festzustellen, dass Sie vor verschlossenen Türen standen. Oder Sie haben sich leichtsinnig in eine gefährliche Situation gebracht, sind zu weit hinaus ins Meer geschwommen oder in einer Großstadt einfach aus Neugier ins Ghetto gelaufen. Oder Sie können sich an Situationen erinnern, in denen Ihre Impulse gelähmt waren, Sie standen in der Disco und konnten sich einfach nicht aufraffen, ein Mädchen anzusprechen. Sie hatten keinen Handlungsimpuls, endlich zu kündigen, die Firma zu wechseln, oder Sie sind mehrere Jahre in einer Beziehung geblieben, obwohl Sie sich schon lange trennen wollten. Womöglich fehlte Ihnen der Impuls sich zu bewegen, Sie wollten eigentlich gerne Sport treiben, aber irgendwie konnten Sie sich nicht dazu durchringen.

Bleiben Sie jetzt mit der Aufmerksamkeit im Bauchraum und tun so, als ob der Bauch sprechen könnte. Sie können ihn fragen, wie viel Freiraum ihm gewährt wird und was er zu Ihrem bisherigen Leben sagt. Häufig drückt der Bauchraum sich über körperliche Empfindungen aus. Achten Sie darauf, welche Reaktionen Sie wahrnehmen können, wenn Sie Ihre Erinnerungen in den Bauchraum sinken lassen.

Erinnerungsreise Herz

Erinnern Sie sich an eine Zeit in Ihrem Leben, in der Gefühle eine große Rolle gespielt haben. Vielen fällt hier eine Phase der intensiven Verliebtheit ein, es kann aber auch eine ganz andere Gefühlsbewegung betreffen.

Vielleicht haben Sie jemanden getroffen, den Sie lange nicht mehr gesehen haben, oder Sie erinnern sich an die Geburt eines Ihrer Kinder. Es kann ein weltumarmendes Gefühl gewesen sein, das Sie erlebt haben, als Sie das Abitur bestanden hatten, oder auch starke Gefühle, die auftauchten, als Sie einen Berggipfel erklommen haben. Vielleicht fallen Ihnen auch Abschiedsgefühle ein, der Verlust eines Angehörigen, ein tiefer Schmerz, Verlassenheit oder Eifersucht. Lassen Sie sich darauf ein, dass Ihr Unbewusstes Ihnen die Gefühle jetzt nach oben senden kann, die zu diesem Thema in diesem Moment Ihres Lebens relevant sind. Sie erinnern sich vielleicht an Tränen oder an die Gefühle anderer Menschen, die Sie gespürt haben. Wenn Sie sich Ihrer Erinnerung überlassen, kommen eventuell auch Gefühle von Stolz oder Überlegenheit nach oben, z. B. dass Sie sich von Ihren Gefühlen nicht haben unterkriegen lassen. Oder Sie erinnern sich an Situationen, in denen Sie Ihre Gefühle versteckt haben, niemand sollte sehen, was Sie fühlen. Vielleicht gibt es eine ganz banale Situation, ein berührender Film im Kino und das Licht geht an, eine Feier, auf der eine ergreifende Rede gehalten wurde, oder auch eine Situation, in der Sie verletzt worden sind, aber niemand sollte diese innere Wahrheit sehen dürfen.

Während Sie in Kontakt mit den Gefühlen in Ihrem Herzbereich sind, können Sie die Aufmerksamkeit auf ihr Herz richten und es fragen, wie denn der bisherige Kontakt in Ihrem Leben war, sowohl mit anderen Menschen aber auch mit Ihnen selbst. Stellen Sie sich einfach vor, das Herz könnte antworten und Sie überlassen sich dem, was Sie dann wahrnehmen können. Achten Sie auf Körperempfindungen in der Brustregion.

Erinnerungsreise Kopf

Gehen Sie jetzt ganz bewusst mit der Aufmerksamkeit und Wahrnehmung in den Kopf. Denn in unserem Alltagsmodus aktivieren wir sehr selten bewusst den Kopf, meist ist er automatisch aktiv. Vielleicht kennen manche von Ihnen noch das Helferlein von Daniel Düsentrieb, der hatte eine Glühbirne als Kopf. Das könnte Sie nun als Bild unterstützen, damit Sie gezielt den Kopf aktivieren.

Wenn Sie sich ganz im Kopf befinden, lassen Sie Ihre Gedanken in die Vergangenheit reisen und erkunden Sie, welche Vorstellungen Sie über Ihr Leben hatten. Was davon ist eingetroffen, was wurde vielleicht nicht realisiert. Vielleicht können Sie sich auch an ein Projekt oder eine Reise erinnern, welche Sie sich in Ihrer Vorstellung ganz genau ausgemalt hatten. Vielleicht hatten Sie eine Zeit, in der Sie vor Ideen nur so sprühten und all diese Vorstellungen in Ihrem Kopf Gestalt annahmen. Vielleicht geht Ihre Erinnerung auch noch in die Zeit Ihrer Kindheit zurück und Sie erforschen, wie Sie sich das Erwachsensein vorgestellt hatten. Überlassen Sie sich Ihrem Kopf, aktivieren Sie Ihre Vorstellungskraft und folgen Sie allen Bildern, Einfällen und Gedanken, die in Ihnen auftauchen. Vielleicht können Sie sich aber auch an Situationen erinnern, in denen Ihnen nichts einfiel, oder Sie hatten ein Black-out in einer Prüfungssituation. Sie konnten sich manches, was heute Realität ist, einfach überhaupt nicht vorstellen. Denken Sie an vergangene Zeiten, in denen Sie versucht haben sich vorzustellen, wie es an unbekannten Orten oder in unbekannten Situationen sein würde und was Sie dort erwarten würde, und wie Sie diese Vorstellungen dann an die Realität anpassen mussten.

Da der Kopf schnell sein kann, erlauben Sie ihm, auch in die Zukunft zu springen und sich Zukünftiges vorzustellen. Sie können eventuell bemerken, dass Sie sich manches gut vorstellen können und Ihnen bei anderen Dingen die Vorstellungskraft fehlt. Befragen Sie jetzt den Kopf danach, ob er denn gezielt eingesetzt wird oder ob er oft die ganze Arbeit alleine leisten muss und wenig Unterstützung von Bauch und Herz hat. Hören Sie einfach aufmerksam zu, wenn Ihr Kopf zu Ihnen spricht.

Wenn Sie diese Erinnerungsreisen durch die drei Zentren gelesen oder auch durchlebt haben, dann haben Sie jetzt einen Eindruck davon, was es mit den drei Zentren auf sich hat.

Kopf-Zentrum

Im Kopf-Zentrum geht es um *Vorstellungen*, die der *Orientierung* dienen und es entsteht *Sicherheit*. Diese Vorstellungen pendeln zwischen zwei Polen: Es gibt ein »zu viel« an Vorstellungen und es gibt auch ein »zu wenig«. Ein prägnantes Beispiel dafür ist für mich die Fernseh-Doku-Soap »Goodbye Deutschland – Die Auswanderer«. Hier werden Menschen begleitet, die auswandern, um sich in einem fremden Land eine Existenz aufzubauen. Sie haben jede Menge Vorstellungen davon, was sie dort alles machen und wie erfolgreich sie damit sein werden, z. B. ein Bratwurst-Buden-Imperium mit Fahrrädern in Florida aufzubauen. Sie bewegen sich hauptsächlich in positiven Projektionen, wie alles nach ihren Vorstellungen läuft. Sie können sich zu wenig vorstellen, wie schwierig es sein kann, wenn man die dortige Sprache nicht spricht, sie haben keine Vorstellung davon, ob Menschen in Florida überhaupt Bratwürste essen möchten, oder wie es weitergeht, wenn ihnen das Geld ausgeht. Manchmal werden diese positiven Projektionen noch dadurch unterstützt, dass sie sagen: »Wir haben keinen Plan B, also muss es klappen!«

Auch ein 15-jähriger kann sich vorstellen, wie es ist, 50 Jahre alt zu sein. Aber diese Vorstellungskraft kann das Erleben, 50 Jahre alt zu sein, in keiner Weise so darstellen, wie es dann in der gelebten Realität auch ist.

Eine nette Anekdote über Vorstellungen: »Die Erfindung des Autos machte die wissenschaftlich fundierte Pferdemist-Prognose (ab 1910 sollten die Straßen von New York wegen des meterhohen Pferdemistes unpassierbar sein) zur Fehldiagnose. Das Auto löste für die New Yorker Stadtväter das Mistproblem. Dafür schuf es eine Menge neuer Probleme. Aber die Experten rieten den Stadtvätern, getrost abzuwarten: ›Das Auto hat keine Zukunft!‹ ›Wieso?‹ ›Weil es nicht genug geschulte Chauffeure gibt!‹«[10]

An diesen Beispielen wird deutlich, dass über Vorstellungen alleine nicht unbedingt die richtigen oder passenden Antworten zu finden sind.

[10] http://www.zitate.de/kategorie/Prognose?page=2, Stand 19.2.2014.

Herz-Zentrum

Im Herz-Zentrum geht es um *Gefühle.* Diese schaffen die Voraussetzung für Bezogenheit, wir beziehen uns emotional auf den anderen und aber auch auf uns selbst. Dies führt dann zum *Kontakt* und es entsteht *Beziehung.*

Gefühle sind ein recht weiter Begriff, deshalb möchte ich es hier ganz schlicht halten: Fragen Sie ein Kind, wenn am nächsten Morgen Weihnachten ist, was es fühlt. Oder Sie fragen jemanden, der gerade eine Prüfung erfolgreich bestanden hat, was er fühlt. Genau auf dieser Ebene bewegen wir uns jetzt mit diesem Thema, sonst landen wir nämlich ganz schnell im Kopf und fühlen die Gefühle nicht.

Gefühle machen uns empfindsam und manchmal auch verletzlich, denn dadurch werden wir sichtbar und auch ein Stück persönlicher für unsere Umwelt. Die beiden Pole der Gefühle sind deshalb *Fluten* und *Verstecken.* Wenn wir auf einer Beerdigung sind und nicht mehr aufhören können zu weinen, dann sind wir von Gefühlen geflutet. Wenn wir in jemanden verliebt sind und das aber partout nicht zeigen möchten, dann verstecken wir unsere Gefühle. Wenn wir in ein Bewerbungsgespräch gehen, dann versuchen wir, Aufregung, Ängste und Unsicherheit zu verstecken. Wenn wir in einem der Pole emotional hängen bleiben, dann führt das zur Dysfunktionalität. Wenn wir z. B. im beruflichen Kontext zu emotional sind und ständig Gefühle mit ins Spiel kommen, dann erleben wir das meist als unangenehm, die Gefühle überfluten uns und sind nicht mehr ausreichend steuerbar. Wenn wir unsere Gefühle zu sehr verstecken, könnte es sein, dass wir als kalt und unnahbar wahrgenommen werden und die persönliche Komponente zu schwach ausgeprägt ist. So geht es also auch hier um die Balance zwischen den beiden Polen.

Bauch-Zentrum

Impulse und Instinkte sind dem Bauch-Zentrum zugeordnet. *Impulse* sind notwendig, um zum *Handeln* zu kommen. Dadurch entstehen Freiraum und *Autonomie.* Impulse haben den Vorteil, dass sie sehr schnell sein können. Wenn wir jemanden als impulsiv bezeichnen, dann steckt da auch immer ein Stück Unberechenbarkeit mit drin. Wir denken: »Da handelt jemand schneller, als er denkt.« Das trifft es ganz gut, denn das steht für den Pol der unkontrollierten Impulse. Diese können auch nützlich sein, z. B. wenn wir den Arm instinktiv heben, um jemanden abzuwehren, der uns bedroht. Ein solcher unkontrollierter Impuls schützt uns. Wenn Impulse jedoch zu unkontrolliert sind, dann erzeugen Sie manchmal sogar das Gegenteil von Autonomie. Wer nicht an sich halten kann und dem Chef unverblümt »die Meinung geigt«, sodass ihm daraufhin fristlos gekündigt wird, leidet unter mangelhafter Impulskontrolle. Er verliert seinen Job und hat vielleicht erst mal den Eindruck, er hätte sich befreit, aber gleichzeitig hat er neuen Stress, denn er ist nun abhängig vom Arbeitsamt oder eben darauf angewiesen, einen neuen Chef zu finden.

Das Gegenteil davon sind *gelähmte Impulse*. Wenn die Spontaneität ganz verloren gegangen ist, wenn alles zehnmal durchgekaut werden muss und doch keine Entscheidungen gefällt werden, dann sind das Anzeichen für gelähmte Impulse. Man kann sie eben nicht komplett kontrollieren, dann verlieren sie ihren autonomen Charakter. »Ich war ganz überrascht, dass ich mich dann doch so schnell entscheiden konnte«, wäre eine Aussage darüber, dass hier ein autonomer Impuls aktiv war. Menschen, die unter gelähmten Impulsen leiden, werden von ihrer Umwelt meist als zäh und langwierig empfunden. Sie sind keine guten Entscheidungsträger, denn es dauert einfach zu lang, bis sie zu einem fassbaren Ergebnis kommen. Auch hier geht es wieder um die Balance und die Steuerungsfähigkeit, Impulse zuzulassen oder sie halten zu können.

Fazit

Die Enneagramm-Struktur benennt zwar das Primärzentrum, das heißt jedoch nicht, dass dieses Primärzentrum automatisch in einem Ressourcenzustand ist. Wie ausbalanciert jemand in seiner Vorstellungsfähigkeit ist, wie assoziiert er mit seinen Gefühlen ist oder wie sehr er seine Impulse steuern kann, ist ganz unterschiedlich und individuell. Damit soll Folgendes deutlich werden:

- Primärzentrum Bauch – heißt nicht automatisch, dass diese Menschen besonders gut handeln können.
- Primärzentrum Herz – heißt nicht automatisch, dass diese Menschen besonders gut fühlen können.
- Primärzentrum Kopf – heißt nicht automatisch, dass diese Menschen besonders gut denken können.

Aufstellung des Triadischen Prinzips

Im Modell des Enneagramms sind aber nicht nur die drei Zentren abgebildet, sondern es gibt eine Bewegungsrichtung, einen *Prozess*, der unterstützend und hilfreich dabei ist, sich vertieft auf die drei Zentren einzulassen.

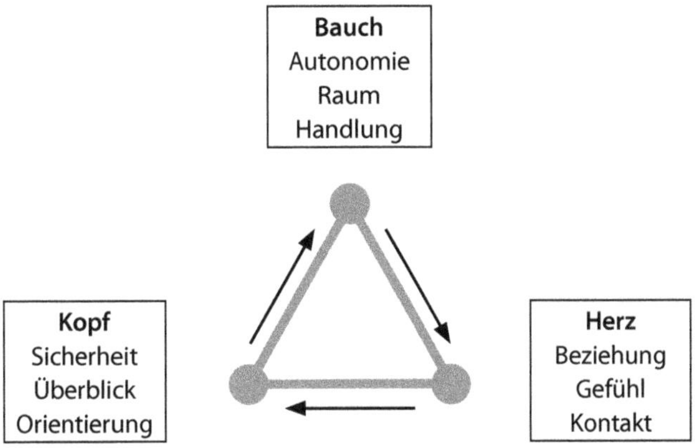

Abb. 24: Triadisches Prinzip

Das Modell des Enneagramms trifft eine Aussage darüber, in welcher Reihenfolge die Erfüllung dieser grundlegenden Bedürfnisse sinnvoll ist. In der Grafik sind die Grundthemen aufgeführt, die Bauch – Herz – Kopf zugeordnet sind. Analog zur Entwicklungsrichtung der Enneagramm-Strukturen 9 → 3 → 6 → 9 gilt dieses Prinzip auch übergeordnet. Wenn man die Triade übergeordnet anwendet, also davon ausgeht, dass für alle Bauchstrukturen das nachfolgende Zentrum Herz ist, sowie für alle Herzstrukturen das nachfolgende Zentrum Kopf, und für alle Kopfstrukturen das nachfolgende Zentrum Bauch ist, so ist auch das ungelöste Problem, welches für manche Enneagramm-Kenner entstanden ist, aufgehoben. Dieses Problem bestand darin, dass die Linien des Sechszacks bei den Stress- und Entwicklungslinien nicht jede Struktur mit allen drei Zentren verbindet. Es wurde davon ausgegangen, dass die Entwicklungs- und Stresspunkte automatisch auch mit dem jeweiligen Zentrum assoziiert sind. Wenn das Dreieck jedoch übergeordnet angewandt wird und die Sechszacklinien nur sekundär mit den drei Grundzentren zu tun haben, dann stellt sich diese Frage nicht mehr.

Die Idee, das Dreieck als übergeordnet zu sehen, ist einer intensiven Arbeit mit zwei Menschen der Struktur 1 geschuldet. Es war für mich offensichtlich, dass die Arbeit mit den Gefühlen und dem Herz zwar ganz zentral war, die Aktivierung des Kopfes aber – ohne die vorherige Aktivierung des Herzens – noch mehr Kopf erzeugte und in die Stagnation führte. Der Stresspunkt von 1 ist jedoch 4. Somit entfällt die Erklärung, dass der Entwicklungspunkt hilfreich sei und es stellte sich mir die Frage, ob dieses Prinzip denn für die anderen Strukturen auch angewandt werden könnte.

Die Anfänge der Aufstellung des Triadischen Prinzips

Die Wirksamkeit dieser *Flow*-Richtung wurde erstmals 2008 innerhalb eines Aufstellungs-Seminars mit einer Gruppe von 15 Personen ausprobiert. Die Teilnehmer waren nicht darüber informiert worden, dass es eine Hypothese gab, welche Richtung funktional und welche dysfunktional sein könnte.

Die drei Zentren waren im Raum am Boden markiert und die ganze Gruppe stellte sich zuerst auf den Punkt, der für das Bauch-Zentrum stand. Von dort aus ging die Gruppe dann zum Punkt, der das Herz-Zentrum repräsentierte, danach gingen alle gemeinsam zum Kopf-Zentrum. Dies nenne ich die Aufstellung des Triadischen Prinzips. Die ganze Gruppe machte drei Durchläufe. Diese Aufstellung dauerte ca. 45 Minuten. Dann wurde die Gruppe gebeten, in Gegenrichtung zu gehen, also vom Bauch zum Kopf zum Herz.

Nach dem ersten Durchgang gab es Symptome wie Übelkeit, Schwindel, Taumel oder Druck im Kopf. Dies betraf nicht alle Teilnehmer in gleicher Weise. Sechs Personen verließen den Raum, während die anderen einen zweiten Durchgang starteten. Danach brachen weitere sieben Personen die Aufstellung ab. Die verbliebenen zwei Teilnehmer hatten zwar nicht die heftigen Symptome, gaben jedoch an, dass sich ihre Wahrnehmung und Empfindung für alle drei Zentren sehr stark vermindert hätte. Sie würden generell keinen Unterschied mehr auf den einzelnen Bodenankern spüren.

Im Frühjahr 2012 machte ich eine ähnliche Erfahrung – diesmal mit einer Gruppe von ca. 35 Personen. Wir arbeiteten für ca. 1,5 Stunden intensiv im Uhrzeigersinn, also in Flow-Richtung, sodass jeder Teilnehmer einen Zugang zu den drei Zentren erhalten konnte. Für die gegenläufige Bewegung stellten sich ca. 15 Personen zur Verfügung. Diesmal kam es schon beim Gang vom Bauch zum Kopf bei einigen zu starken Körperreaktionen. Es gab Teilnehmer, die außen auf den Stühlen saßen, nur zuschauten und Schwindel verspürten. Diese Gruppe wusste vorher von meiner Hypothese. Wie heftig aber, und vor allem wie schnell die Reaktionen eintraten, davon waren wir alle überrascht.

Die Flow-Richtung – Die Bewegung im Uhrzeigersinn

Die Bewegung im Uhrzeigersinn bedeutet, dass zuerst das eigene Primärzentrum aktiviert wird. Denn dies ist der Ausgangspunkt für die beiden nachfolgenden Zentren.

- Menschen mit dem Primärzentrum Bauch aktivieren als zweites Zentrum das Herz und dann als drittes Zentrum den Kopf.
- Menschen mit dem Primärzentrum Herz aktivieren als zweites Zentrum den Kopf und als drittes Zentrum den Bauch.
- Menschen mit dem Primärzentrum Kopf aktivieren als zweites Zentrum den Bauch und als drittes Zentrum das Herz.

Beispiel: Wenn jemand mit dem Primärzentrum Herz direkt mit seinen Gefühlen in die Impulse geht, so steigt das Risiko, dass dies der Umwelt zu viel ist, weil diese Gefühle nicht sortiert sind. Dann entsteht unter Umständen Zurückweisung und die Herzstruktur fühlt sich abgelehnt in ihren Gefühlen. Sicherer ist es, sich erst selbst eine Orientierung zu verschaffen und dann zu entscheiden, was und wie man dies zeigen möchte.

Die drei Phasen der Ressourcenarbeit

Für alle Coaching- und Therapieprozesse eignet sich die Arbeit mit dem Aufstellungsformat des Triadischen Prinzips sehr gut, ohne dass die Enneagramm-Struktur geklärt sein muss.

Phase I: Bestandsaufnahme der drei Zentren/Die Horizontale Begehung
Phase II: Mit der an Körperresonanz orientierten Arbeit werden persönliche, schwierige Themen und Hindernisse in den drei Zentren aufgespürt und bearbeitet.
Phase III: Ressourcenarbeit mit den drei Zentren

Die Phase I

Die drei Zentren werden mittels Bodenanker als Dreieck gelegt und es erfolgt die Anleitung, sich auf das betreffende Zentrum zu stellen und mit der Aufmerksamkeit und Wahrnehmung in das jeweilige Zentrum zu gehen und zu schildern, was im Körper spür- und wahrnehmbar ist. Startpunkt ist meistens der Bauch, analog zum Aufbau im Körper von unten nach oben. Meist verwende ich neutrale Farben wie grau, um keine assoziierbaren Farbanker zu setzen. *Horizontale Begehung* heißt, es wird nichts vertieft, sondern Phänomene und Befindlichkeiten werden gesammelt.

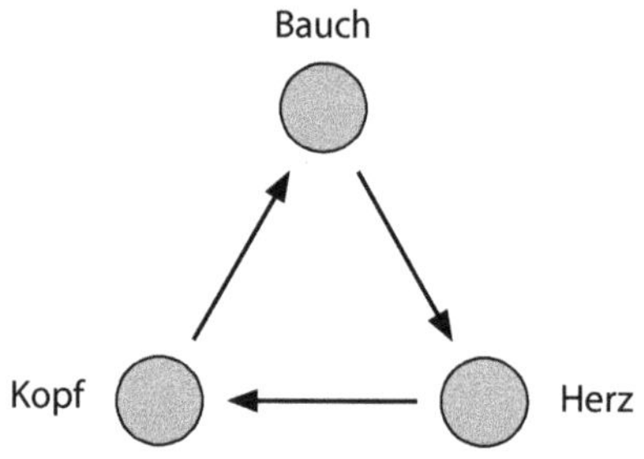

Abb. 25: Phase I – Durchgang durch die drei Zentren

Die Phase II

In der Phase II wird die *Rangfolge bestimmt*. Welches Zentrum ist momentan als stärkste Ressource spürbar, welches Zentrum steht im zweiten Rang und welches im dritten Rang? Wenn ein Zentrum als starke Ressource spürbar ist, kann dies unterstützend vertieft werden, um vorhandene Störungen oder Blockaden zu lösen. Um einen Zugang zu überlagerten Ressourcen zu schaffen, ist es wichtig, vorhandene negative Empfindungen und/oder Wahrnehmungen sichtbar zu machen, ich würde dann einen weiteren Bodenanker für diese Empfindung legen – etwa mit der Frage: »Wenn dieses Empfindung nicht in Ihnen ist, wo wäre sie in Bezug zu Ihnen hier im Raum?«

In der Phase II müssen nicht alle auftauchenden Themen bearbeitet werden, oft reicht deren Sichtbarwerdung aus. Die Vorgehensweise ist sehr prozessorientiert, es kann nicht formuliert werden: Wenn A passiert, dann folgt B usw. Dies kommt sehr auf den Auftrag an, den der Klient erteilt hat. Wenn ein Zentrum z. B. toxisch bleibt – das heißt, mit spontan auftretenden belastenden Empfindungen verknüpft ist – dann empfiehlt es sich, einen *Bypass* zu legen. Im Klienten sollen keine Mangelgefühle auftreten, z. B. der Gedanke, er könne das Herz nicht schaffen. Dazu gibt man der Person die Scheibe »Meine Dosis Herz« in die Hand und lässt sie prüfen, bei welchem Abstand es sich noch angenehm anfühlt. Diese Scheibe ist sozusagen eine Art *Joker*.

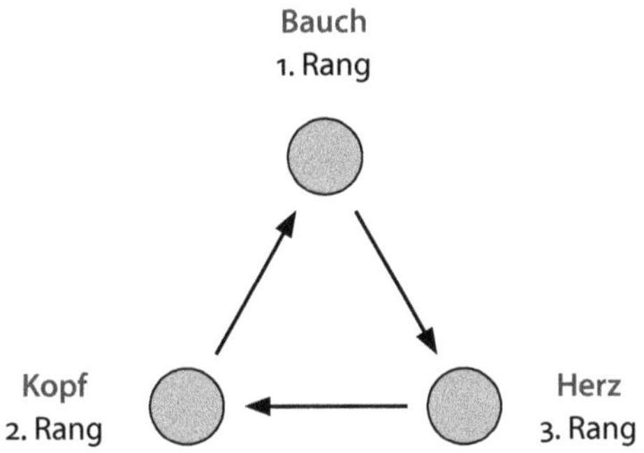

Abb. 26: Phase II – Beispiel für eine Rangfolge der drei Zentren

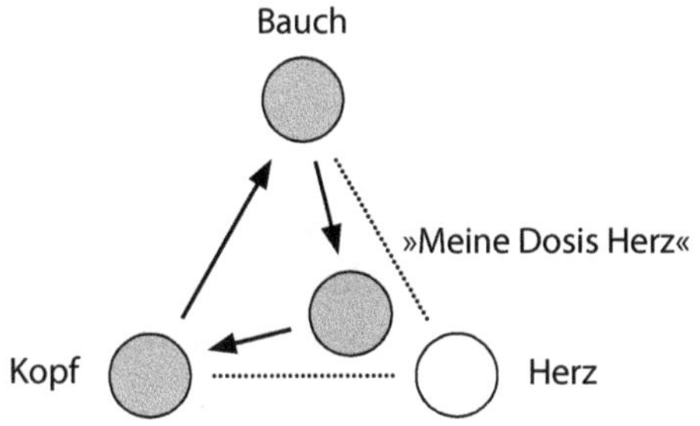

Abb. 27: »Bypass« für ein Zentrum

Die Phase III

Die Phase III konzentriert sich auf das jeweilige Zentrum als Ressource. Ziel ist es dabei, einen ganz persönlichen und individuellen Zugang zu den drei Zentren entstehen zu lassen, sodass diese als Ressource erlebt werden können. In dieser Arbeitsphase können immer wieder unangenehme oder störende Empfindungen, Gedanken, Gefühle auftreten, dann wird in Phase II zurück gewechselt, um diese Themen zu bearbeiten. Jedes auftauchende Thema wird mit einer weiteren Scheibe/Bodenanker sichtbar gemacht. Wichtig hierbei ist es, dass auch eine minimale Erleichterung oder Verbesserung als hilfreich angesehen wird. Diese kann dadurch unterstützt werden, dass jetzt die Bodenanker durch z. B. farbige Scheiben ersetzt werden, die das positive Empfinden noch unterstützen. Es kann ein Bild oder eine Geste dazu assoziiert werden oder jemand wird eingeladen, sich in die Mitte des Dreiecks zu stellen und mit einer Körperbewegung alle drei Zentren in sich aufzunehmen.

Eine prozessorientierte Vorgehensweise ist sehr unterstützend. Alles, was hilfreich ist, wird utilisiert – alles, was weniger hilfreich ist, wird ohne Diskussion verworfen.

Fallbeispiel 1: Das Bewerbungsgespräch

Der Klient hatte ein konkretes Anliegen für ein Coaching. Es ging um ein Bewerbungsgespräch für eine neue Stelle, die ihm sehr am Herzen lag. Der Auftrag war somit für das Coaching, sich im Gespräch möglichst gut zu präsentieren. Ein Teil des Coachings lief über die Aufstellung des Triadischen Prinzips. In mehreren Durchgängen verbesserte sich die Körperresonanz. Im ersten Ressourcen-Rang lag das Bauch-Zentrum, im zweiten Rang das Kopf-Zentrum und im dritten das Herz. Der Mann berichtete: »Beim Herz muss ich immer an meine Mutter denken, ich habe sie als übergriffig und distanzlos erlebt.« So wurde die Mutter durch einen weiteren Bodenanker (Scheibe) sichtbar gemacht. Der Klient wurde dann aufgefordert, vom Herz-Zentrum aus genau den Platz für den Bodenanker, der die Mutter repräsentierte, zu finden, der für ihn stimmig wäre. Nachdem der Platz gefunden war, wurde mittels einer klaren Abgrenzung das Fremde (die Mutter) vom Eigenen (das eigene Herz-Zentrum) getrennt.

Als die Mutter klar repräsentiert war, stieg erst einmal die emotionale Bedrohlichkeit und im Klienten wurde ein kindlicher Anteil sehr aktiv. Hier war es wichtig, deutliche psychische Grenzen des Klienten zu etablieren. So überwältigend es emotional auch sein kann, dass die Mutter negativ wirkt, so bringt doch die Sichtbarmachung eines Themas selbst oft schon eine Entlastung. »Gefahr erkannt, Gefahr gebannt!« ist hier buchstäblich richtig. Die Abgrenzung zur Mutter ist in der Aufstellung ein schlichter Streifen Tesa-Krepp-Band. Durch diese klar sichtbare Trennung wird die Psyche darin unterstützt, Eigenes von Fremdem abzugrenzen. So verringerte sich die Wirkung der Repräsentanz der Mutter und der Zugang zur Ressource wurde möglich.

Im weiteren Prozess zeigte sich, dass ein »zugeschnürter Bauch« mit einer unangenehmen Erfahrung, nämlich einer mündlichen Prüfung während des Studiums, zu tun hatte. Das bevorstehende Bewerbungsgespräch aktivierte die damit verbundenen unangenehmen Gefühle. Da dies zu ihm selbst gehörte, wurde dieses Thema nicht abgetrennt. Der Klient stellte sich auf die Scheibe, die für die Prüfung stand, und die unangenehmen Empfindungen verstärkten sich. Diese Resonanzeffekte wurden dann mittels Klopfen[11] und Selbstakzeptanzübungen bearbeitet.

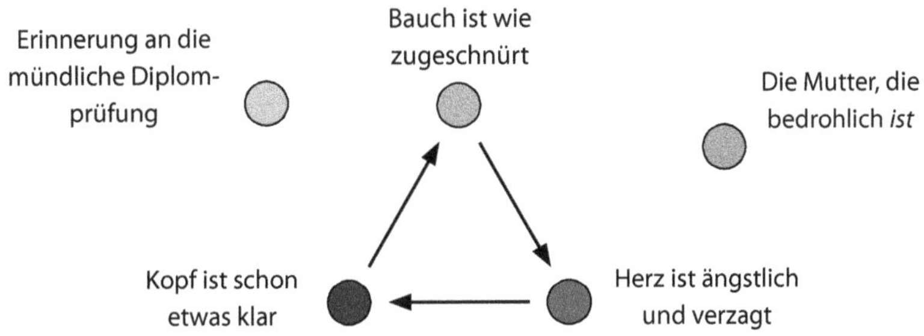

Abb. 28: Vor der Behandlung

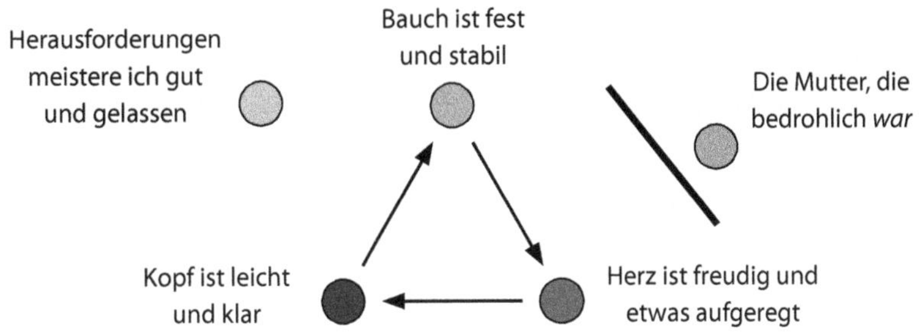

Abb. 29: Nach der Behandlung (die Triade im Ressourcenzustand)

11 Michael Bohne (Hrsg.), *Klopfen mit PEP*, Carl-Auer-Systeme Verlag, 2010, S. 45–61.

Für sein Anliegen des erfolgreichen Bewerbungsgespräches konnte der Klient nun auf seine Ressourcen zugreifen. So entstand eine Situation, in der unangenehme Themen nicht weggeschoben wurden, sondern weiterhin sichtbar bleiben konnten. Er machte gleichzeitig die Erfahrung, dass er sich dem Thema Mutter oder Prüfung widmen kann, aber nicht muss, und dass er davon nicht überrollt oder vereinnahmt wird.

Wichtig für ihn zu erleben war, dass Handlungs- und Entscheidungsspielraum sowie Steuerungsfähigkeit bestehen bleiben.

Zwei Haltungen, die ich dem Klienten anbot:

1. »Jetzt, wo das Thema so deutlich sichtbar ist, werde ich mich zeitnah damit beschäftigen.«
2. »Ich schaue, wie weit ich jetzt komme, und wenn ich merke, dass die Relevanz des Themas mich wieder einholt, werde ich mich damit beschäftigen.«

Fallbeispiel 2: In guter Stimmung den 80. Geburtstag des Grossvaters feiern

Die Klientin sah diesem Familienfest mit sehr gemischten Gefühlen entgegen. Sie hatte mit zwei Schwestern starke Differenzen und stand dem Großvater sehr ambivalent gegenüber. Es galt, zunächst ein Ziel zu formulieren. Das Ziel sollte selbst erfüllbar sein, das hieß, sie brauchte keinen anderen dazu. Es sollte positiv und in einem prägnanten Satz formuliert sein. Mittels Aufstellung ging sie in Resonanz mit allen drei Zentren, indem sie sich auf den Platz des jeweiligen Zentrums stellte. Sie startete mit dem Bauch-Zentrum. Der Durchgang endete mit dem Zentrum, welches im ersten Ressourcen-Rang stand. Die Stärkung des Ziels wurde durch einen Ankersatz in dem entsprechenden Zentrum bewirkt.

Zuerst skalierten wir die Werte zur jeweiligen Empfindung: 10 = sehr stark, 0 = nicht spürbar. Dann ging es ins nächste Zentrum. Beim Bauch-Zentrum ging es hauptsächlich um das Spannungsfeld zwischen dem autonomen Impuls, eigentlich nicht hinfahren zu wollen und dem Anspruch, den Erwartungen anderer gerecht zu werden. Beim Herz-Zentrum fühlte sie sich ohnmächtig und ausgeliefert und warf sich selbst vor, dass sie sich »so anstellen« würde. Beim Kopf-Zentrum wollte der Kopf nicht zur Ruhe kommen und entwarf dauernd Szenarien des möglichen Ablaufes dieser Feier.

Da familiensystemisch hier einiges zu bearbeiten gewesen wäre und der Geburtstag in einer Woche anstand, haben wir mit Klopfen und Selbstakzeptanz gearbeitet. Danach arbeiteten wir mit einem Ressourcenbild, in dem sie sich auf dieser Feier in einer guten Verfassung sah.

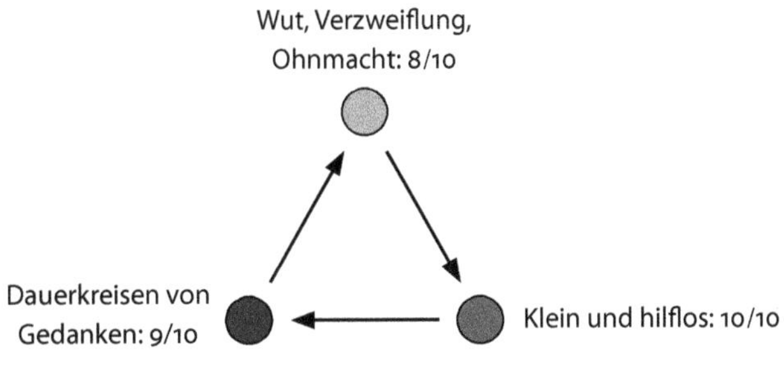

Abb. 30: Ausgangslage und Skalierung der Empfindungen

Die Zielsituation: In jedem Zentrum konnten Ankerbegriffe gefunden werden, die genau zu ihrem inneren Erleben passten. Sie erhielt die Anregung, diese drei Sätze im Laufe der Woche mit dem jeweiligen Zentrum zu verknüpfen und laut und leise auszusprechen. Sehr unterstützend kann es sein, beim Joggen, Walken, Rad fahren – also in Bewegung – das jeweilige Zentrum bewusst zu aktivieren und den Ankersatz zu inhalieren, zu schlucken und sich ausbreiten zu lassen.

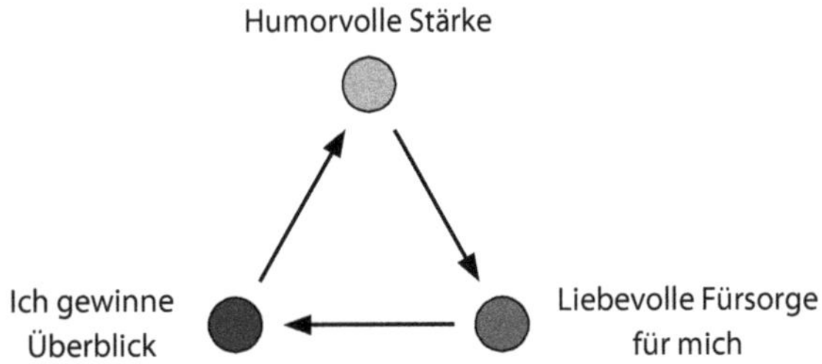

Abb. 31: Zielsituation

Die Gegenläufigkeit des Triadischen Prinzips

In der Einzelarbeit zeigt sich, dass es auch bei Personen, denen vorher nicht gesagt wurde, welche Richtung welche Wirkung hat, mehr Wohlbefinden in Richtung Uhrzeigersinn entsteht. Es gibt jedoch auch Klienten, die die gegenläufige Bewegung als entlastend empfinden. Es dauerte einige Zeit, bis ich den Nutzen darin erkannte. Dieser besteht darin, Überlebensanteile zu stärken und Abspaltungen aufrechtzuerhalten. So kann also der Gewinn der gegenläufigen Bewegung darin liegen, dass Kontrollinstanzen stabil bleiben und die Psyche vor Überlastung und/ oder Überflutung geschützt wird.

FALLBEISPIEL 1: Eine Klientin kam sehr emotional zu einem Nottermin und hatte ständig Tränen in den Augen. Sie hatte jedoch eine Stunde später ein wichtiges Gespräch mit Ihrem Chef über ihre berufliche Zukunft vor sich, welches sie nicht verschieben wollte. So begleitete ich sie 20 Minuten in der Gegenrichtung der Triade. Sie klagte dann über leichte Kopfschmerzen, jedoch war der Gefühlskanal komplett »zugedreht«. So konnte sie zwar mit einem leichten Kopfdruck, aber emotional stabil, in das Gespräch gehen. In der darauffolgenden Sitzung arbeiteten wir dann mit dem Triadischen Prinzip in Flow-Richtung, um die Ressourcen wieder zu aktivieren.

Das Burn-out-Syndrom

In der Arbeit mit überforderten und erschöpften Menschen, die an Burn-out-Symptomen litten, wurde mir deutlich, dass sie kaum Zugang zum Erleben und Spüren der Zentren hatten. Für mich ist die Aufstellung der Triade inzwischen zu einem Diagnoseinstrument geworden, um den Zustand von »Burn-out-Kandidaten« einzuschätzen.

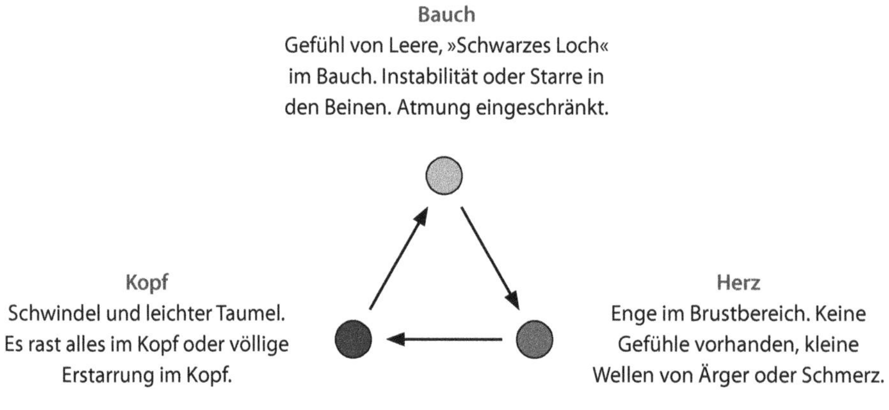

Abb. 32: Klassisches Bild eines Burn-out-Kandidaten

Wenn alle drei Zentren betroffen sind (z. B. wenn Bauch und Herz unterrepräsentiert sind und der Kopf überlastet ist), gibt es meist wenig Effekte in der Unterscheidung, ob das Dreieck in Flow-Richtung oder gegenläufig gegangen wird. Meist tauchen zusätzlich noch weitere Körpersymptome auf wie Schmerzen im Lendenwirbelbereich, Nackensteife, Schulterbeschwerden etc. Wenn dies der Fall ist, dann sollten solche Klienten auch unbedingt parallel von einem Körpertherapeuten behandelt werden. Ich würde bei dem oben beschriebenen Störungsbild versuchen, erst einmal einen Zugang zu zumindest einem der Zentren zu schaffen. Dazu lasse ich den Klienten die Triade mehrmals gehen, denn es ist oft schon unterstützend zu erleben, dass es drei unterschiedliche Wahrnehmungen gibt – für viele eine ganz neue Erfahrung. So entsteht ein gezielter Kontakt zum Körper, der das Erlebensspektrum deutlich erweitert.

Eine *Dysfunktionalität* bei einer Person entsteht durch die Unter- oder Überrepräsentation eines der drei Zentren und durch die gegenläufige Bewegung, gegen den Uhrzeigersinn.

Die Triade und die Personalisierung innerer Anteile (PiA)

Die Aufstellung des Triadischen Prinzips kann auch mit der Arbeit mit inneren Anteilen verknüpft werden. Denn häufig zeigen sich diese durch das starke körperliche Erleben in den einzelnen Zentren besonders deutlich. Die Arbeit mit inneren Anteilen im Zusammenhang mit der Triade verortet diese in einem der drei Zentren. Wie schon bei den Wahrnehmungsübungen zu Bauch – Herz – Kopf kann direkt gefragt werden:

- Wenn der Bauch sprechen könnte, was würde er über seinen Stellenwert im Leben sagen?
- Wenn das Herz sich ausdrücken würde, woran würden Sie das merken und was würde es Ihnen sagen?
- Wenn der Kopf jetzt seine Sichtweise über den Zustand der Person erzählen könnte, was würde er berichten?

Es kann sein, dass sich bei einem Zentrum auch zwei Stimmen melden, die unterschiedliche Ansichten vertreten. Diese könnten mit zwei Scheiben sichtbar gemacht werden, sodass beide Anteile ihr Erleben, ihre Sichtweise oder ihre Empfindung mitteilen können.

Recht häufig berichten Klienten, dass sie die Stimme des Vaters, der Tante, des Bruders etc. hören. Auch hier ist es sinnvoll, dies durch einen Bodenanker sichtbar zu machen und von der Triade und den eigenen Anteilen abzugrenzen. Im inneren psychischen System zeigt sich die Enneagramm-Struktur in der Art und Weise, wie innere Anteile der Persönlichkeit selbst beschaffen sind und in welcher Beziehung sie zueinanderstehen. Grundangst und Grundbedürfnis sind in einem zentralen Anteil immer klar erkennbar. Wie Anteile miteinander agieren, ist durch das Primärzentrum und den jeweiligen Aggregatzustand bestimmt.

Die Psyche des Menschen als System von miteinander in Wechselwirkung stehenden Anteilen zu sehen, ist gerade im Kontext des Enneagramms besonders wichtig, denn so können Aspekte, die strukturfremd sind, von struktureigenen unterschieden werden.

Die *Personalisierung innerer Anteile (PiA)* greift die unterschiedlichen Ansätze und Methoden der Arbeit mit Anteilen auf. In den verschiedenen Methoden, die ich im Laufe der Jahre kennengelernt habe, war für mich immer wieder überraschend, wie deutlich die Enneagramm-Strukturen zutage treten. Das war insofern erstaunlich, als dass meine jeweiligen Ausbilder das Enneagramm nicht kannten – und trotzdem waren für mich die relevanten Aspekte der Strukturen erkennbar.

Die Arbeit mit inneren Anteilen geht davon aus, dass jeder Mensch eine kleine Gesellschaft ist, in der manche Anteile das Sagen haben, andere wiederum in der Opposition leben oder abgespalten sind. Da die Psyche Stabilität verlangt und konservativ orientiert ist, wird im psychischen System selbst die Absolutheit solcher Anteile nicht infrage gestellt.

Sehr überzeugt agieren meist die Überlebens-Anteile, denn sie sind Experten auf ihrem Gebiet. Hingegen stehen andere Anteile im Abseits oder leben in der inneren psychischen Verbannung. So etabliert sich ein System, das der Psyche zwar eine gewisse Stabilität verleiht, sie jedoch in der Beweglichkeit einschränkt. Die Psyche versucht Situationen dann meist mit mehr desselben zu lösen und schränkt sich damit noch mehr ein. Die daraus resultierenden Nebenwirkungen für den Menschen und dessen Umwelt werden von den dominanten Anteilen nicht gesehen oder in ihrer Bedeutung unterschätzt. Eine ganz beliebte Idee von Überlebens-Anteilen ist zum Beispiel, dass man sich doch einfach noch mehr zusammenreißen möge. Der Ressourcenzustand von Anteilen ist durch die persönliche Biografie, Traumata und den familiensystemischen Kontext bestimmt.

Innere Anteile eines Menschen werden bei der PiA wie eigenständige Personen behandelt. So ist es möglich, mit sonst eher unbewussten Anteilen zu kommunizieren und mehr über die Absichten dieser Anteile zu erfahren. Je kompetenter ein innerer Anteil ist und je bedeutsamer sein Stellenwert im psychischen System, desto absoluter ist die ihm innewohnende Haltung. Die Wechselwirkungen zwischen inneren Anteilen sind oft recht komplex und über viele Jahre im Unbewussten entstanden. So sollte eine Herangehensweise mit der nötigen Achtsamkeit und Wertschätzung geschehen, damit man hier nicht z. B. Partei ergreift gegen einen vermeintlich schädlichen Anteil. An inneren psychischen Konflikten sind meist zwei oder mehr Anteile beteiligt, die sich für ausreichend kompetent erachten, Entscheidungen, Handlungen etc. in ihrem Sinne durchzuführen. So lässt sich erklären, warum gewünschte Veränderungen sich oft nicht umsetzen lassen: Dies wird von wesentlichen Anteilen der Psyche verhindert, um aus ihrer Sicht Stabilität und Schutz für das System aufrechtzuerhalten.

Diese Anteile sind oft starr in ihren Haltungen und Ansichten. In der psychischen Tiefe der Anteile ist jedoch immer eine Erinnerung an oder eine Ahnung davon vorhanden, was denn genau mit dieser Haltung früher erreicht werden sollte und was der Schutz oder die gute Absicht darin war. Der Kontakt mit dieser Erinnerung/Ahnung ermöglicht ein *Reframing* des Anteils, das heißt, er kann seinem Wesen nach so bleiben wie er ist, jedoch kann er sich und seine Überzeugungen in einem neuen Kontext erleben. Oft wissen diese Anteile nicht, dass ihre Idee von Schutz inzwischen dysfunktional ist. So kann sich ein Anteil wieder seiner Stärken erinnern und das eigentliche »Geschenk« finden, welches er zu geben hat. Aus diesen Überlegungen heraus werden bei der PiA Anteile nicht als destruktiv bezeichnet, sondern als Anteile, die die *Nebenwirkungen* ihres Agierens oder ihrer Überzeugungen nicht ausreichend wahrnehmen können.

Fahnenträger der Enneagramm-Struktur

Die PiA basiert auf dem Grundverständnis des Enneagramms als energetische Basis für den strukturellen Raum der Psyche. Hier ist der Begriff des *Terroir* wesentlich. Dieser Begriff resultiert aus dem Grundgedanken, dass die Charakteristik z. B. eines Weines in einzigartiger Weise vom Terroir, also der natürlichen Umgebung der Stelle, des Bodens, an welcher die Rebe gewachsen ist, bestimmt wird. Das Terroir würde dann im Kontext des Enneagramms heißen, die Anteile wachsen auf dem Boden von Autonomie, Beziehung oder Sicherheit und in dem jeweiligen Aggregatzustand. Die Enneagramm-Struktur ist der Boden, auf dem sich die Inneren Anteile entwickeln, wachsen und existieren. An dem Bild wird deutlich, dass der Boden nicht unbedingt sichtbar und wahrnehmbar ist. Gleichwohl wachsen darauf die Manifestationen der Psyche (als Anteile) und so ist es möglich, dass Anteile, die sehr ähnlich wirken, auf unterschiedlichen Enneagramm-Struktur-Böden wachsen.

Ein Fahnenträger ist der Sportler bei der Olympiade, der die Fahne trägt, die sein Land repräsentiert. Wenn dieser Begriff auf die Arbeit mit Anteilen übertragen wird, dann heißt das, dass die Fahnenträger daran erkennbar sind, dass sie alle relevanten Aspekte der Enneagramm-Struktur tragen. Ihre Wurzeln sind im jeweiligen Primärzentrum verankert und sie sind durch das entsprechende Grundthema gefärbt. Alle vier Säulen – Lebensthema, Grundbedürfnis Grundangst, und Abwehr – sind in ihnen repräsentiert.

Oft wird im Zusammenhang mit inneren Anteilen von Introjekten gesprochen, damit ist gemeint, dass sich etwas manifestiert hat, was ursprünglich jemand anderem gehörte. »Ich höre die Stimme meines Lateinlehrers sprechen, wie er mich als unfähig und faul beschimpft«, wäre ein Hinweis darauf, dass jemand nicht nur die Stimme, sondern auch die dazu gehörigen Werte, Haltungen und Ansichten verinnerlicht hat.

Gerade bei der Arbeit mit Introjekten eignet sich das Enneagramm sehr gut als Wegweiser. Die Unterscheidungsfähigkeit zwischen Fremdem und Eigenem erhöht sich durch die anwendbaren Parameter aus der jeweiligen Enneagramm-Struktur.

Enneagramm-Struktur als Wegweiser

Die PiA behält im Fokus, *Fremdes von Eigenem* zu unterscheiden. Die Kenntnis der Enneagramm-Strukturen ist hierbei sehr hilfreich. Bei Themen, die in der Kommunikation mit Anteilen auftauchen und die strukturfremd sind, ist zu vermuten, dass sie dem Familiensystem oder der Sozialisation entstammen. Die eigene Enneagramm-Struktur ist bei der Arbeit mit Anteilen unterstützend, denn sie bietet ein hohes Maß an Orientierung. So kann ein eigener Anteil für fremd gehalten werden, weil er die Loyalität bzw. Bindung an eine Person oder das ganze Familiensystem infrage stellt oder bedroht. Bei den meisten Menschen gibt es im psychischen System Anteile, die mit den Werten von anderen identifiziert sind, denn ein Teil unserer Identität basiert auf der Reflexion durch andere und wie wir von ihnen gesehen und erlebt werden. Selbst wenn diese Anteile nützlich für das System sind, ist es sinnvoll, Menschen dabei zu unterstützen, die wirklich eigene Version zu entdecken und zu leben. Hier ist die Kenntnis über die eigene Struktur nicht nur unterstützend, sondern auch identitätsstiftend.

Die nachfolgend genannten Enneagramm-Struktur-Aspekte bilden das Hintergrundwissen zur Arbeit mit PiA.

1. Lebensthema
2. Grundbedürfnis
3. Grundangst
4. Primäre Abwehr
5. Sekundäre Abwehr (Abwehr des Stresspunktes)
6. Prä-Tugend (Tugend des Entwicklungspunktes)
7. Tugend

Ziele von PiA – Update und Integration

Da das Überleben so wesentlich ist, verharren Anteile in der ursprünglich angenommenen Haltung, die zu einem bestimmten Zeitpunkt nützlich und überlebensnotwendig war. In diesem Zustand sind sie konserviert. Neue Informationen können die Reifung und Entwicklung eines Anteils unterstützen, hierbei ist es wesentlich, dass diese Informationen aus dem psychischen System des Klienten selbst kommen und nicht vom Coach oder Therapeuten, sonst besteht die Gefahr neuer Introjekte. Quellen für neue Informationen können sowohl andere Anteile des Klienten als auch der Klient selber sein. Dies wird Update genannt. Durch Updates der inneren Anteile wird das System beweglicher und die Starrheit geringer. So kann mehr Steuerungsfähigkeit und Integration innerhalb des psychischen Systems entstehen.

Fallbeispiel 1: Introjekte verschiedener Enneagramm-Strukturen

Frau D. kannte das Enneagramm schon seit ca. zehn Jahren. Sie hatte sich intensiv damit beschäftigt, sowohl Bücher gelesen als auch Kurse besucht. Sie war zu der Erkenntnis gekommen, dass sie wohl ein Mischtyp sei, denn in jedem besuchten Kurs wäre eine andere Hypothese darüber aufgestellt worden, was sie denn nun für eine Enneagramm-Struktur sei. Sie hielt sich für eine Mischung aus 7 und 4, das hätten ihr auch jetzt schon viele Leute bestätigt. Sie hatte dazu die Theorie aufgestellt, dass sie ursprünglich eine 4 war, sich dann zum Entwicklungspunkt 1 hin erlöst habe und jetzt die positiven Aspekte der 7 leben würde. Sie berichtete, dass sie einen sehr strengen Vater gehabt hätte, dieser hätte zwar nie die Hand erhoben, jedoch sehr überlegt gestraft. So wurde sie auch bei kleinen Vergehen für Stunden in ihr Zimmer eingeschlossen. Diese Bestrafungen begannen schon im Alter von ca. vier Jahren. Die Mutter erlebte sie als sehr besorgt, pflichtbewusst und sich sehr dem Vater unterordnend. Bei allzu ungestümen Impulsen von Frau D. wies ihre Mutter sie immer wieder darauf hin, dass man doch besser unauffällig sei, damit man keinen Ärger bekomme.

Frau D. selbst beschreibt sich als sehr lebendiges und impulshaftes Mädchen, welches auch immer wieder den Vater provozierte und sich mit ihm anlegte. In der Pubertät war sie ständig unterwegs und forderte den Vater und auch die Mutter sehr heraus. Sie berichtete, dass sie auch in späteren Partnerschaften immer wieder dazu neigte, zu viel zu wollen, den anderen zu provozieren und mit Einfällen zu überfordern (das schrieb sie der 7 zu). Ihr Hauptfokus lag jedoch auf dem tiefen Schmerz, den sie immer in sich spüren würde, und die große Angst davor, verlassen zu werden. Sie würde es nicht ertragen, wenn der Partner nicht exakt zur angegebenen Stunde erschiene. Da würde sie sich sofort ausgeschlossen und verlassen fühlen (dieses Erleben ordnete sie der 4 zu). Sie kannte jedoch auch eine sehr strenge Seite an sich, die über andere sehr urteilen würde (das war für sie der Aspekt einer 1), das hätte sich jedoch gebessert. Auf die Frage, wie andere sie erleben würden, erzählte sie, dass sie oft missverstanden werde und andere sie anscheinend als sehr stark und manchmal »überrollend« erlebten. Gerade bei Männern hatte sie dazu die Theorie entwickelt, dass die meisten Männer eben keine starke Frau wollten.

Diese beiden Aspekte von »zu viel Impuls« und »überrollend wirken« führten dazu, dass sie den Fokus auf das impulshafte Mädchen legte, welches durch sein Verhalten durchaus Risiken eingegangen ist (im Schaubild mit Struktur 7 bezeichnet). Im Dialog mit ihren Anteilen zeigte sich, dass vor allem Introjekte (also die verinnerlichten Aspekte) von Mutter und Vater ein Gespann waren, welches über große Teile ihr Leben bestimmte. Das eigenwillige Mädchen befand sich noch immer im Widerstand gegen den Vater und rebellierte.

Interessanterweise meldete sich nach einigen Sitzungen ein ganz anderer Anteil. Dieser war sehr bestimmt und klar und erzählte, dass er Frau D. schon ein Leben lang beschützen würde, indem er ihre Energie zügle. Eigentlich hätte sie zu viel Energie und würde damit den Raum für andere eng machen. So würde er diese Energie in Stein verwandeln und dann könne man sicher und geschützt leben. Das verletzte Mädchen wäre von der herausschießenden Energie immer bedroht und deshalb sorge er dafür, dass diese versteinert blieb. In diesem Anteil wurden alle Aspekte einer 8 sichtbar. Vor allem das Thema Raum, Autonomie und Souveränität waren dominant, sowie die Grundangst, sich unterordnen zu müssen. Durch die Repräsentation dieses Fahnenträgers der Psyche veränderten sich auch die Anteile, die noch gefärbt waren durch die Enneagramm-Struktur der Eltern und fanden so Anschluss an das eigene energetische Flussbett.

Sie konnte jetzt erkennen, dass die Zuordnung zur 4 bzw. 7 Reaktionshaltungen auf den Vater bzw. auf die Mutter waren und eben nicht ihre eigene Enneagramm-Struktur repräsentierten. In der Struktur der 8 konnte sie wachsen und nachvollziehen, dass durch die Strenge des Vaters und die engen Regeln der Mutter ihr Raum und ihre Autonomie nicht garantiert waren. So reduzierte sie sich (Reduktion = Sekundäre Abwehr von 8) und konnte ihr eigenes Primärzentrum und das damit verbundene Grundbedürfnis, stark und souverän zu sein, nicht mehr spüren.

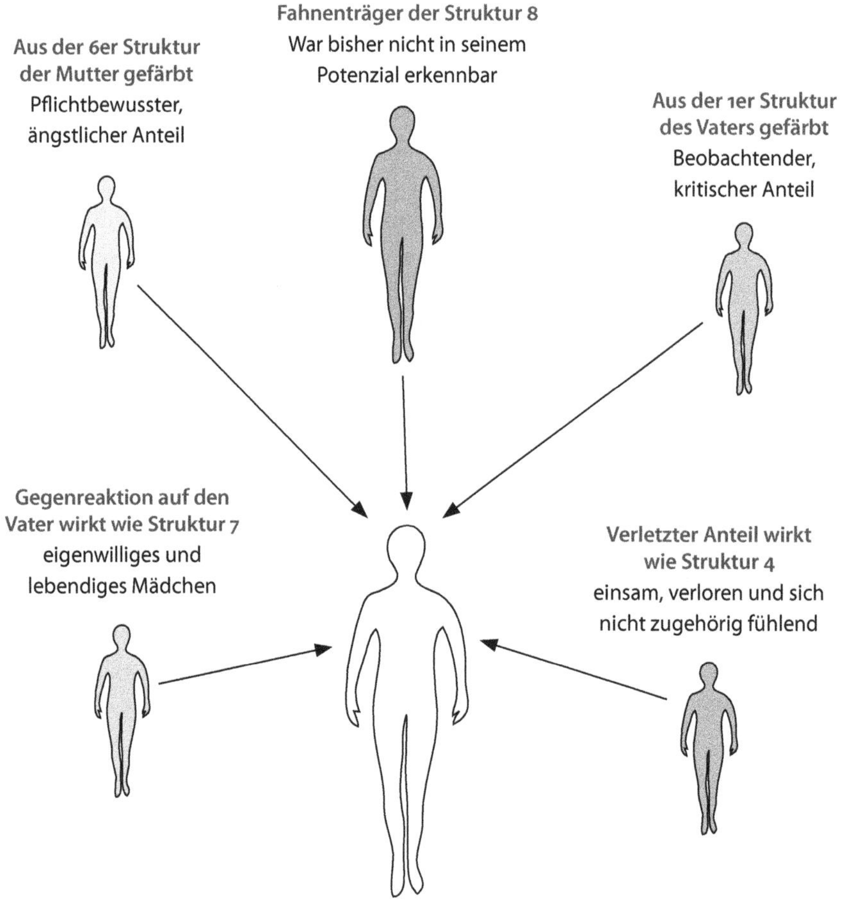

Abb. 33: Inneres System und der Fahnenträger der Enneagramm-Struktur

Teil III
Das Strategische Prinzip

Grundlagen des Hexagons

So wie das Dreieck als Tool genutzt werden kann für Coaching- und Therapieprozesse, so kann man auch den Sechszack, das Hexagon, einsetzen. Nachdem die Triade als übergeordnetes Prinzip entdeckt war, blieb zu überlegen, ob der Sechszack ähnlich zu nutzen sei. Ich untersuchte in mehreren Seminaren verschiedene Perspektiven und kam dann zu dem Ergebnis, dass Prozesse, die mit strategischen Entscheidungen zu tun haben, damit sehr wirkungsvoll begleitet werden können. Sinnvoll schien es auch zu sein, die neun unterschiedlichen *Aufmerksamkeitsstile* zu nutzen. Nach einigen Versuchen war deutlich erkennbar, dass es sinnvoll ist, am Punkt Eins zu starten.

In dieser geometrischen Figur sind Herz und Kopf nicht miteinander verbunden, sondern voneinander getrennt. Die beiden Bauchpunkte 1 und 8 sind oben und der Weg auf die Herzseite führt über den Bauchpunkt 8. Hier wird nochmal deutlich, dass nur im Aggregatzustand Erstarrung eine Verbindung zwischen Herz und Kopf im Dreieck des Enneagramms gegeben ist, also zwischen den Punkten 3 und 6.

Zu erkennen sind auch ziemlich deutliche Richtungswechsel. Stellen Sie sich vor, Sie würden dieses Hexagon abgehen: Manche Richtungswechsel verlaufen in einem relativ spitzen Winkel, andere in einem flacheren. Die Bauchpunkte (1 und 8) sind oben und die introvertiertesten Punkte (4 und 5) sind unten. Wenn Sie ganz dem geometrischen Aufbau folgen, sind tatsächlich Effekte im inneren Erleben zu beobachten, wodurch diese geometrische Anordnung einen Sinn erhält. Es ist für mich aber auch offensichtlich, dass wir hier ganz am Anfang stehen und diese Figur bisher nur ansatzweise verstanden worden ist. Interessanterweise korreliert das Hexagon mit den sechs Aspekten der *Problemaufstellung* nach Insa Sparrer und Matthias Varga von Kibéd:

Problemaufstellung	Strategisches Prinzip
1. Fokus: Wer?	Punkt 1: Fokussierung
2. Ziel: Wohin?	Punkt 7: Auf Möglichkeiten richten
3. Hindernisse: Was dazwischen?	Punkt 5: Vertiefung und Prüfung
4. Ressource: Was führt weiter/womit?	Punkt 8: Stärke, Expansion
5. Gewinn: Wofür war es gut?	Punkt 2: Beziehung/Loyalität
6. Vision: Was danach?	Punkt 4: Sinnhaftigkeit

Prozessbeschreibung

Punkt 1 ist der Ausgangspunkt. Es braucht einen Fokus, um einen Prozess zu starten. Wenn wir uns den energetischen Zustand von 1 vergegenwärtigen, werden Impulse erst einmal gehalten und kontrolliert. Punkt 7 ist das berühmte *Brainstorming*: Hier wird das Ziel ins Visier genommen und es kann ein bunter Strauß von Möglichkeiten gesammelt werden. Punkt 5 ist die Vertiefung und Überprüfung: Was steht noch dazwischen, was sind Hindernisse? Punkt 8 bedeutet von unten einen deutlichen Richtungswechsel: Wie sehr hält das stand, was bis zu diesem Punkt erfasst wurde? Was führt weiter, womit? Selbstständigkeit in der Welt, Stärke und Expansion sind mit dem Bauchpunkt 8 verknüpft. Punkt 2 bedeutet, dass auf der Beziehungsebene Austausch gefordert und Loyalitäten geprüft werden. Welche Beziehungen stärken, welche behindern? Was gibt es an Input von anderen? Punkt 4 bedeutet, auf Sinnhaftigkeit für sich selbst zu prüfen. Entspricht das der eigenen Vision, ist es authentisch? Dann erfolgt wieder der Richtungswechsel zum Punkt 1. Diese Prozessabfolge kann mehrfach durchlaufen werden.

Bei der Begehung des Hexagons ist es wichtig, dass vor allem nach körperlichen Unterschieden gefragt wird. An jedem Punkt wird gezielt abgefragt, wie das Körperresonanz-Erleben ist, dann wird der nächste Punkt ins Visier genommen mit dem Fokus: »Und gleich werden Sie zum nächsten Punkt gehen und achten Sie darauf, was sich in Ihrem Körper verändert, wenn Sie auf der Linie dort hingehen.« Ziel ist es, einen Prozess anzustoßen und keine Antworten an den einzelnen Punkten zu finden.

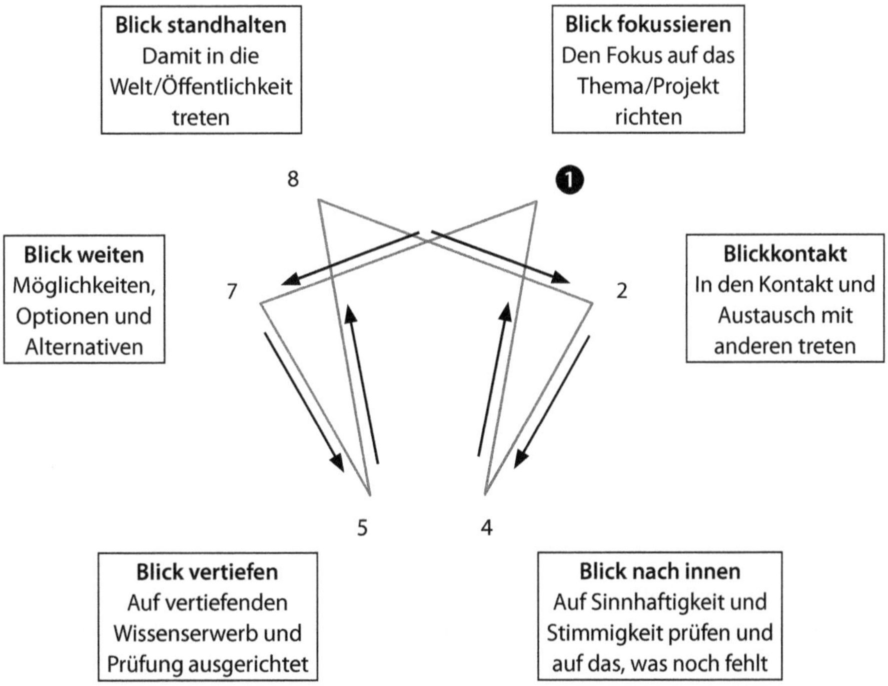

Abb. 34: Prozeß

Unterschiedliche Wege im Strategischen Prinzip

Wer das Strategische Prinzip schon selbst gegangen ist, wird feststellen, dass es Punkte gibt, die einem mehr liegen und andere, die man lieber auslässt. So kann man seine eigene Figur als Bestandsaufnahme zeichnen und erhält darüber eine Auskunft, wo noch Entwicklungsfelder warten und welche Punkte gut repräsentiert sind. Natürlich kann dieses Schaubild auch je nach Thema variieren, meine Erfahrung ist jedoch, dass jeder in sich eine grundlegende Tendenz hat, in strategischen Prozessen vorzugehen.

Beispiel Eins: Weißer Weg

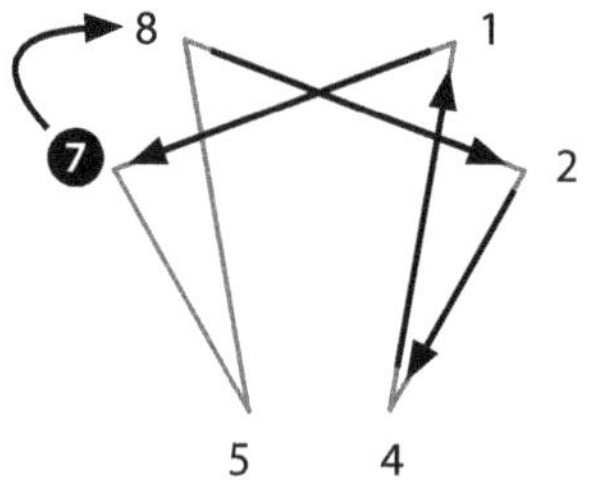

Abb. 35: Weißer Weg

Hier sehen Sie das Beispiel für einen *Weißen Weg*. Der Klient konnte den Fokus präzise formulieren: »Eine eigene Homepage.« Er konnte sich damit alle Möglichkeiten gut vorstellen. Dann sprang seine Vorstellung jedoch zu der Sicht, diese Seite sei »online« (Punkt 8) und andere reagieren dann darauf (Punkt 2). Dies löste leichtes Unbehagen in ihm aus. Punkt 5 wurde als zu anstrengend und zäh empfunden. Hier hätte er sich ganz konkret damit beschäftigen müssen, wie sein Vorhaben umzusetzen wäre, ob er es selber schaffen würde, die Texte hätten geschrieben werden müssen usw. Er hatte dies bisher immer vermieden und weder sein Budget dafür genau überprüft noch sich konkret für jemanden entschieden, der dies für ihn tun könnte. Er hielt das für den letzten Schritt. Durch das Strategische Prinzip wurde ihm deutlich, warum er in diesem Projekt schon einige Zeit festhing und nicht weiterkam.

Beispiel Zwei: Vier-Punkte-Weg

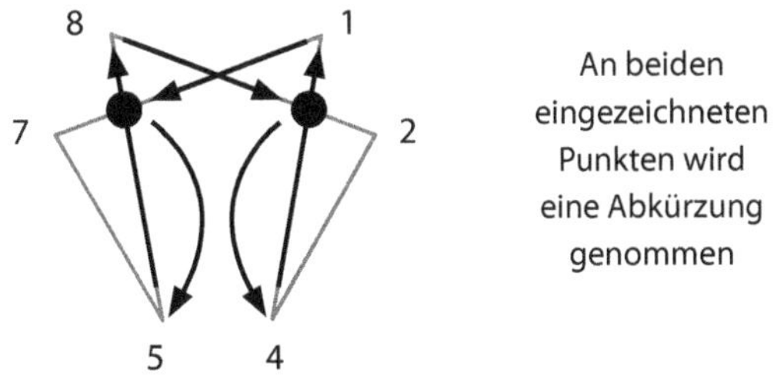

Abb. 36: Vier-Punkte-Weg

In diesem Fall war es einfach, einen Fokus zu finden, jedoch fühlte sich der Klient durch die vielen Möglichkeiten überfordert, und er wollte direkt zum Punkt 5 gehen, um dort zu prüfen. Er konnte jedoch erkennen, dass seine bisherige Strategie recht zeitraubend war, denn das, was er dort prüfte, war recht eingeschränkt und so war es ihm schwer möglich, zeitnahe Entscheidungen zu fällen. Am Punkt 8 fühlte er sich recht wohl, denn er konnte sich auf sein Ergebnis vom Punkt 5 verlassen. Jedoch auf dem Weg von 8 zu 2 kürzte er wiederum ab und ging direkt zum Punkt 4. Er hatte Sorge, dass am Punkt 2 zu viel Kontakt stattfinden würde und er in seinem Weg irritiert werden würde. Auch hier gewann er jedoch die Erkenntnis, dass er ja entscheiden könne, was davon für ihn weiterführend sei und dass ein Input von außen durchaus hilfreich sein könnte.

Beispiel Drei: Endlosschleife

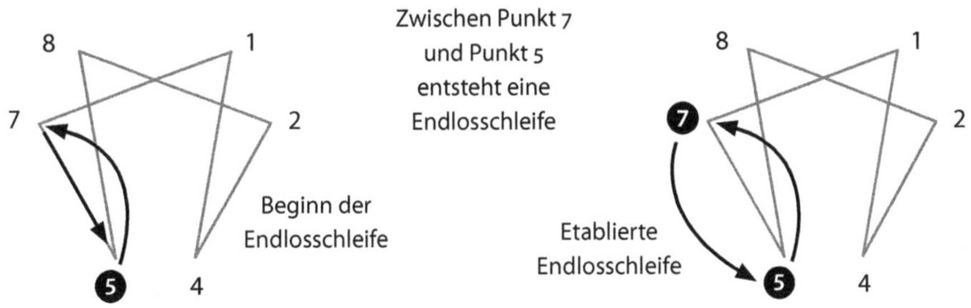

Abb. 37: Endlosschleife

In diesem Beispiel hatte die Klientin Mühe, einen Fokus zu finden. Sie startete gleich am Punkt 7 mit all seinen Möglichkeiten. Diese Möglichkeiten waren wie Jonglierbälle meist zeitgleich in der Luft. Dann prüfte sie am Punkt 5 diese Möglichkeiten, verwarf einige und ging wieder hoch zum Punkt 7. Sie konnte anhand des Strategischen Prinzips erkennen, dass Sie, um sich weiterhin alle Optionen offen zu halten, in einer Sackgasse gelandet war, die sich jedoch durch die Endlosschleife sehr bewegt anfühlte, denn real hatte sich bezüglich ihrer beruflichen Weiterentwicklung nichts bewegt. Sie empfand den Sechszack als strukturschaffend, da sie jetzt ein Modell hatte, welches ihr ermöglichte, aus der Endlosschleife auszusteigen.

Beispiel Vier: Introversionsschaukel

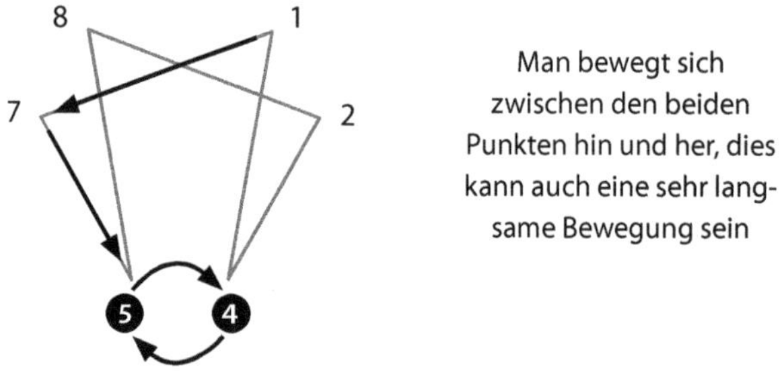

Abb. 38: Introversionsschaukel

Hier wird mit einem Fokus auf ein Projekt gestartet, dann werden Möglichkeiten und Optionen gesammelt und dann geht es in die Vertiefung. Von dort gibt es ein Hindriften zur Vision, zum Fehlenden, woraufhin sich der psychische Prozess dann wieder zurückbewegt. Ich nenne das auch die *Tiefsee*. In ihr gehen sozusagen ganze Promotionen oder Patente verschütt, denn dieser Zustand fühlt sich zwar profund an, führt jedoch nicht in die Welt zurück. Manchmal entsteht bei Menschen mit dieser Neigung die Einschätzung, die Welt wäre noch nicht so weit, dass ihre Erkenntnisse zu verstehen seien, es bräuchte unbedingt noch 10 Jahre des Forschens, um ansatzweise etwas zu publizieren. Es kann sein, dass ein bewusstes Hin- und Herdriften an diesem Punkt hilfreich ist, wenn es ein Verständnis dafür gibt, wohin der Weg dann weitergeht. Das Risiko in dieser Bewegung ist jedoch der Verlust des Zeitstrahls.

Beispiel Fünf: Regressiver Weg

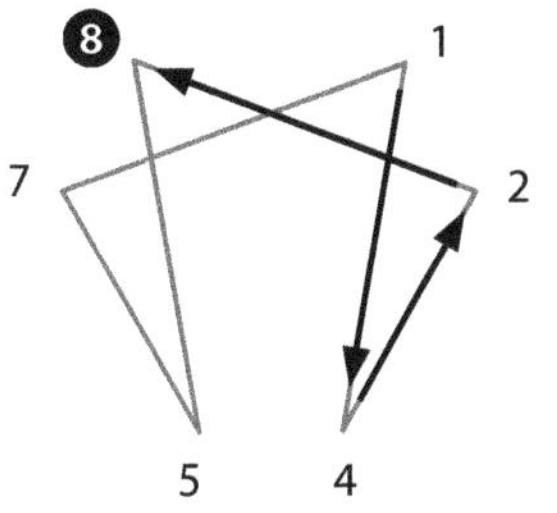

Der Weg bricht am eingezeichneten Punkt ab. Man fühlt sich kleiner, hilfloser, inkompetenter, als man ist

Abb. 39: Regressiver Weg

Manche Menschen gehen im Hexagon in die gegenläufige Richtung, vom Fokus aus direkt zur Vision und von dort in Beziehung und Kontakt mit anderen. Diese Richtung erhöht die Wahrscheinlichkeit, sich zu früh von der Meinung und Einschätzung anderer abhängig zu machen. Für ein Kind ist das durchaus eine sinnvolle Richtung. Die meisten kennen das von kleinen Kindern, die etwas umsetzen möchten und einen Erwachsenen dazu brauchen, mit dem sie dann von Punkt 2 nach Punkt 8 in die Welt hinaus gehen. An der Hand geht das ganz gut, denn es passt jemand auf einen auf. Für eine Strategie, die einer mittel- bis langfristigen Planung bedarf, ist dieser Weg nicht konsistent genug, da das hohe Risiko besteht, auf dem Weg zwischen 2 und 8 sich der ganzen Sache nicht gewachsen zu fühlen.

Gerade bei beruflichen Neuausrichtungen ist das recht häufig zu erleben, dass diese vermeintlich einfache Richtung gewählt wird. Man hat eine Vision, dann sucht man sich Freunde, Beistand in der Familie oder auch einen Coach und möchte die neuen Pläne dann besprechen. Hier ist es gerade für den Coach hilfreich, diese Bewegung zu kennen, denn der Coachingnehmer sucht dann jemanden, der mit ihm zum Punkt 8 geht. Und so sagte eine Seminarteilnehmerin einmal treffend: »Und am Punkt 8 zeige ich dann zum Punkt 2 und sage, das war doch seine Idee!« Wenn Sie als Coach also vermeiden möchten, dass Sie »den Hund zum Jagen tragen«, dann ist es sinnvoll zu prüfen, wie die Bewegung im Strategischen Prinzip aussieht.

Fazit

Das Strategische Prinzip eignet sich gut zur Bestandsaufnahme über die persönlichen Vorlieben und die möglichen Entwicklungsfelder. Es bietet eine Orientierung darin, wie die Vorgehensweise strategisch ausgerichtet ist. Zur Bearbeitung von Blockaden an einzelnen Punkten ist das Triadische Prinzip hilfreich und unterstützend. Die einzelnen Schritte können sowohl am Flipchart nachvollzogen als auch real abgegangen werden. Die prozessorientierte Aufstellungsmethode ist jedoch vorzuziehen, da hier wesentlich komplexere Aspekte zum Vorschein kommen und vor allem besser geprüft werden kann, ob der Fokus der passende ist. Es ist sinnvoll, die sechs Punkte mehrfach zu gehen.

Das Strategische Prinzip eignet sich nur für erwachsene Anteile, die kindlichen Anteile sind dadurch überfordert. Sollten jüngere Anteile in der Arbeit auftauchen, so sind erst diese gut zu versorgen und es ist sinnvoll, mit der Triade dort weiterzuarbeiten. Die Triade und das Hexagon können parallel gelegt werden, damit bei Bedarf vom Hexagon zur Triade gewechselt werden kann.

Teil IV
Der systemische Kontext

Einführung

Es gibt aus systemischer Sicht vielfältige Ursachen, die dazu führen können, dass die Enneagramm-Struktur nicht klar erkennbar ist. Der ganze Mensch steht in Wechselwirkung mit seiner Umwelt und ist verschiedensten Einflüssen ausgesetzt. Dies betrifft sowohl die persönliche Biographie, die gesellschaftlichen Umstände, das Wertesystem der Ursprungs-Familie, negative und positive Erfahrungen, Partnerschaften oder schwerwiegende Ereignisse. Alle diese systemischen Einflüsse können gravierende Auswirkungen auf die Enneagramm-Struktur haben.

So wie es allgemein anerkannt ist, dass man von seinen Eltern und der eigenen Biographie geprägt ist, so ist es auch nachvollziehbar, dass Enneagramm-Strukturen des Familiensystems prägend sind. Beispielsweise kann die Enneagramm-Struktur von Vater oder Mutter so stark in einem Menschen verankert sein, dass diese von der eigenen nur schwer zu unterscheiden ist. Der Mensch ist dann nicht nur mit Aspekten und Eigenschaften der Mutter identifiziert, sondern deren gesamte Enneagramm-Struktur ist in ihm abgebildet. Wenn dies der Fall ist, sind natürlich auch Lebensthema, Grundbedürfnis, Grundangst und Abwehr der fremden Struktur aktiviert. Was jedoch nicht aktiviert sein kann, ist deren Primärzentrum im jeweiligen Aggregatszustand (es sei denn, es würde sich um die gleiche Struktur handeln, was das Fehlen der eigenen Version bedeuten würde). Das ist ein ganz zentraler Aspekt und zeigt, wie wesentlich es ist, das gesamte Vier-Säulen-Modell zu erfassen.

Die persönliche Biographie schafft die Einzigartigkeit, den unverwechselbaren Fingerabdruck der jeweiligen Enneagramm-Struktur. Das macht es auch so schwierig, die Struktur mit Aussagen über Werte und Verhaltensweisen identifizieren zu wollen, denn dazu muss man weite Teile des Kontextes kennen, in dem die betreffende Person steht. Religiöse Überzeugungen, Aufträge aus dem Familiensystem, der kulturelle Hintergrund, die politischen Verhältnisse, persönliche

Schicksalsschläge, psychische oder physische Erkrankungen und Traumata sind dabei von hoher Relevanz.

So erlebe ich häufig, dass die Einbeziehung der systemischen Komponenten als zu komplex und damit als Überforderung erlebt wird, wenn es um die Enneagramm-Struktur-Bestimmung geht. Deshalb hilft ein klares Grundgerüst – das Vier-Säulen-Modell –, welches Orientierung gibt, um sich dann den systemischen Zusammenhängen zuzuwenden.

Wenn Sie das Enneagramm schon kennen, werden Sie sich vielleicht wundern, warum ich nichts über Flügel und Subtypen schreibe. Der Grund hierfür ist, dass sich dadurch an den Komponenten des Vier-Säulen-Modells nichts ändert und somit die relevanten Aspekte gleich bleiben. Wenn ich Nutzen und Risiko abwäge, mit Flügeln und Subtypen zu arbeiten, dann sehe ich mehr das Risiko als den Nutzen, denn eine Enneagramm-Struktur, die nicht die eigene ist, kann passend gemacht werden, in dem man mit weiteren Kategorisierungen arbeitet. Wenn wir systemisch genau hinschauen, werden wir zu jeder der neun Strukturen eine Referenz in uns finden, entweder durch Familienmitglieder, Ereignisse oder andere Einflüsse ausgelöst.

Eigene und fremde Enneagramm-Strukturen

In der Einführung schrieb ich bereits, dass immer wieder Menschen mit einer anderen Enneagramm-Struktur als der eigenen zu mir kommen. Ich habe mir Gedanken darüber gemacht, welche Gründe das haben könnte und fand schließlich folgende Prämissen:

1. Nur weil uns etwas gewohnt und vertraut ist, entspricht dies nicht unbedingt unserer Enneagramm-Struktur.
2. Die Identifikation mit einer Enneagramm-Struktur ist eine umfassende Möglichkeit, um in – unbewusster – Bindung mit einem Familienmitglied zu bleiben.
3. Seelisches Leid, Dysfunktionen oder Traumata repräsentieren keine Enneagramm-Struktur.

Diese Prämissen waren wertvolle Orientierungshilfen, denn sie machten deutlich, dass eine Ansammlung von Eigenschaften, Verhaltensweisen und Ansichten nicht zwingend mit der eigenen Enneagramm-Struktur korreliert. In den Erkenntnis-Korb ist mit ziemlicher Gewissheit auch etwas hineingetan worden, was zu anderen Menschen oder Kontexten gehört, welche die eigene Struktur maßgeblich mit beeinflusst haben. Hier ist eine prozessorientierte Vorgehensweise sehr hilfreich, um dieses Sammelsurium von Erkenntnissen zu sortieren. Meist ist es nicht auf Anhieb zu deuten, welche der gesammelten Erkenntnisse struktureigen oder strukturfremd sind. Deshalb spreche ich dazu explizit die Einladung aus: Leisten Sie es sich bewusst, eben *keine Ahnung* zu haben, wohin die Reise gehen wird. In vielen Enneagramm-Struktur-Bestimmungen gibt es eine Phase, in der man mehr mit persönlichen Themen zu tun hat als mit Erkenntnissen über die Enneagramm-Struktur. Diese Themen dann in ihrer Tiefe zu verfolgen und zu sehen, auf welchem Boden sie wachsen, ist der Ansatz der systemischen Enneagramm-Arbeit, und es ist von zentraler Bedeutung, welche Methoden dabei eingesetzt werden, um die Struktur zu bestimmen.

Auf der anderen Seite ist gerade das geometrische Modell mit seiner Struktur und den klaren Aspekten eine wegweisende Hilfe, sich im Dschungel der menschlichen Psyche zurechtzufinden. Das Enneagramm bietet einen Zugang zum strukturellen Raum der Psyche, in diesem Kontext wird die Bedeutung dessen noch einmal klarer, denn durch das Enneagramm ist es viel präziser möglich, Fremdes von Eigenem zu unterscheiden. Es wird aber auch deutlich, dass sich jemand mit der nicht passenden Zuordnung zu einer Struktur noch tiefer in fremde seelische Inhalte oder in fremde Kontexte verstricken kann.

Ich gehe davon aus, dass die Enneagramm-Struktur angeboren und nicht erworben ist. Mir erscheint es nicht schlüssig, dass eine primäre Verankerung in einem der drei Zentren Bauch, Herz, Kopf durch ein – wie auch immer geartetes – Trauma oder eine Notsituation entstanden sein soll. Ein Trauma ist jedoch wie eine Trumpfkarte und überstimmt unter Umständen die Enneagramm-Struktur, was die Wirkung nach außen hin betrifft, denn alle Begleiterscheinungen von Traumata können so stark wirken, dass der Zugang zur Struktur nur sehr erschwert möglich ist. Diese Betrachtung verändert den Umgang mit dem Enneagramm fundamental. Denn wenn es kein Trauma und keine Notlösungsstrategie des kleinen Kindes ist, dann ist auch besser vorstellbar, dass es sich um einen wertneutralen Zustand handelt und eine zentrale Ressource darstellen kann.

Beispiel Haare: Ein Mädchen hat wunderschöne Naturlocken und steht stundenlang vor dem Spiegel, um diese zu glätten. Sie träumt von ganz glatten Haaren. Ein anderes Mädchen mit glatten Haaren steht mit dem gleichen Glätteisen da und benutzt diesen als Lockenstab, um endlich Locken zu bekommen. Jede strukturelle Beschaffenheit von Haaren hat ihre Vor- und ihre Nachteile. Diese Haar-Struktur zu verformen, erfordert einen erheblichen energetischen Einsatz. So kommt es mir manchmal auch bei Enneagramm-Strukturen vor. Jemand hat so lange versucht, diese zu zähmen, zu färben, zu glätten oder was auch immer zu tun, dass er keine Ahnung mehr hat, wie die eigentliche, persönliche strukturelle Beschaffenheit ursprünglich war und ist. Aber was derjenige auch anstellt – übertünchen, glätten, umfärben – die Struktur ist immer vorhanden. Um weiter in dem Beispiel zu bleiben: Das Haar wird auch angegriffen, wenn es ständig einem Umformungs-Prozess ausgesetzt ist. Daher geht es nicht darum, die eigene Struktur zu verändern, sondern deren Potenzial zu schöpfen.

Es ist besser, das Enneagramm nicht zu kennen oder sich auf die Arbeit mit den drei Zentren zu beschränken, als jahrelang in der unpassenden Struktur zu verweilen, vor allem, wenn man es ernst mit diesem Modell meint. Hilfreich ist die Fragestellung: »Kann ich in meiner Enneagramm-Struktur wachsen?«

Fremde Enneagramm-Struktur als Überlebensstrategie

So wie es schwächend sein kann, sich mit einer fremden Struktur zu identifizieren, so kann eine Enneagramm-Struktur auch als Überlebens-Strategie dienen. Dies ist für mich immer der viel heiklere Fall, denn hier dient die Identifikation mit der angenommenen Struktur der Stabilität und sorgt dafür, dass unangenehme und bedrohliche Gefühle und Impulse weiter abgespalten bleiben können. Hier besteht eine große Verantwortung und es sollte abgeklärt werden, ob Setting und Auftrag darin bestehen, dies zu thematisieren.

Wie können wir uns das vorstellen? Jemand lernt das Enneagramm kennen und identifiziert sich z. B. über sein Selbstbild mit einer Struktur. Ein Überlebensanteil in ihm greift das begierig auf und generiert dann verstärkt die entsprechenden Verhaltensweisen. Die darunter liegende Not ist somit gut geschützt und es bildet sich ein *Überlebens-Überbau.* »Eine richtige Deutung kann auch Gewaltausübung sein.«[12] Wenn nicht explizit geklärt ist, dass man einen Auftrag hat, die Struktur in Frage zu stellen (und nicht jeder Teilnehmer eines Enneagramm-Seminars erteilt mit seiner Teilnahme automatisch einen Auftrag an die Seminarleitung!), dann sollte im Zweifelsfall darauf verzichtet werden. Manche Prozesse einer neuen Strukturzuordnung können längere Zeit in Anspruch nehmen, denn im Fokus sollte immer stehen, dass es für den Betreffenden nützlich ist und es nicht um Deutungsmacht geht. Die ganze *Deutungshoheit* sollte immer beim Inhaber der Struktur bleiben.

Die fehlende eigene Version

Dies meint, dass jemand in einer Enneagramm-Struktur beheimatet ist, die es im Familiensystem schon gibt. Wenn diese Person, meist der Vater oder die Mutter, emotional negativ besetzt ist und die Person gerade unter den negativen Aspekten dieser Struktur gelitten hat, so ist die Ablehnung dessen, was die Struktur ausmacht, groß. Es kann geradezu ein innerliches Entsetzen auslösen, wenn die Person meint, sie hätte die verhassten Eigenschaften selbst. Hier ist der Begriff der eigenen Version ganz wichtig. Die eigene Version einer Enneagramm-Struktur öffnet dann den Weg, die persönliche Individualität zu leben und nicht in der Abwehr steckenzubleiben, diese vermeintlich schlechte Struktur abwerten zu müssen.

[12] Zitat Matthias Varga von Kibéd am 14.12.2013 im Seminar.

Transgenerationale Traumata – Symbiosetrauma

Neben den biographischen Traumata existieren auch transgenerationale Traumata, die im Familiensystem übertragen werden. Für die fundierte Arbeit mit Enneagramm-Strukturen ist es bedeutsam, diese Kategorie und diesen theoretischen Ansatz mit einzubeziehen. Franz Ruppert führt in seinem Buch »Symbiose und Autonomie« den Begriff des Symbiosetraumas ein. Dies entsteht dann, wenn das Kind die Traumata der Eltern übernimmt und sich mit deren Traumagefühlen identifiziert. Er schreibt hierzu: »Auf der familiären Ebene setzen sich Traumatisierungen insofern fort, als traumatisierte Eltern ihren Kindern ihre traumatisierten seelischen Strukturen weiter ›vererben‹. Dies geschieht auf verschiedene Weise: Babys erspüren in ihrem Bedürfnis nach emotionalem Kontakt mit ihren Eltern die verdrängten Traumagefühle auf und binden sich an diese mangels Vorhandensein anderer – echter – elterlicher Emotionen. Zuweilen brechen die unterdrückten Traumagefühle der Eltern ohnehin stark hervor und überfluten das Kind (…).Weil ihnen traumatisierte Eltern kein zuverlässiger Spiegel und Resonanzboden für ihre eigenen psychischen Regungen sein können, können symbiotisch verstrickte Kinder nicht zwischen ihren eigenen Empfindungen und Denkmustern und denen ihrer Eltern unterscheiden.«[13]

Kurze Definition von Trauma: »Ein Trauma ist (…) ein vitales Diskrepanzerlebnis zwischen bedrohlichen Situationsfaktoren und den individuellen Bewältigungsmöglichkeiten, das mit Gefühlen von Hilflosigkeit und schutzloser Preisgabe einhergeht und so eine dauerhafte Erschütterung von Selbst und Weltverständnis bewirkt.«[14]

Während des Traumas spalten sich die überwältigenden, negativen und bedrohlichen Gefühle ab. Dies ist eine unwillkürliche Reaktion der Psyche, um zu Überleben. Das heißt, dass der abgespaltene Anteil dieses Menschen ins Unbewusste verdrängt wird. Dementsprechend ist er in seiner eigenen Bindungsfähigkeit und der Bandbreite seiner emotionalen Reaktionen eingeschränkt. Diese abgespaltenen Gefühle können sich noch Jahre später in Symptomen wie Depressionen,

[13] Entnommen aus *Trauma und symbiotische Verstrickungen – von der Familien- zur Traumaaufstellung*, http://www.franz-ruppert.de/Jenseits_von_Chaos_und_Illusionen_ZPPM_aktualisiert.pdf, Seite 7, Stand 20.2.2014.

[14] Gottfried Fischer und Peter Riedesser, *Lehrbuch der Psychotraumatologie*, Reinhardt UTB, 1999, S. 79.

Ängste, Panikattacken, Körpersymptomen, Schwindel etc. manifestieren. Dann spricht man von einer posttraumatischen Belastungsstörung (PTBS).

Psychische Dysfunktionen und die Verwechslung mit Enneagramm-Strukturen

Es kommt immer wieder vor, dass psychische Störungsbilder mit einer Enneagramm-Struktur gleichgesetzt werden. Wiederholt habe ich erlebt, dass Menschen Symptome einer Depression oder Angststörung für eine Enneagramm-Struktur gehalten haben. Es folgt eine Auswahl von Diagnosen, die besonders häufig mit den Aspekten einer Enneagramm-Struktur verwechselt werden:

F32.0 Depressive Episode
(Verwechslung mit 4 oder 9 möglich)
»Verminderung von Antrieb und Aktivität. Die Fähigkeit zu Freude, das Interesse und die Konzentration sind vermindert. Ausgeprägte Müdigkeit kann nach jeder kleinsten Anstrengung auftreten. Der Schlaf ist meist gestört.«

F43.1 Posttraumatische Belastungsstörung
(Verwechslung mit 9 möglich)
»(...) ein andauerndes Gefühl von Betäubtsein und emotionaler Stumpfheit. Ferner finden sich Gleichgültigkeit gegenüber anderen Menschen, Teilnahmslosigkeit der Umgebung gegenüber, Freudlosigkeit sowie Vermeidung von Aktivitäten und Situationen, die Erinnerungen an das Trauma wachrufen könnten.«

F41.1 Generalisierte Angststörung
(Verwechslung mit 6 möglich)
»Die Angst ist generalisiert und anhaltend. Sie ist nicht auf bestimmte Umgebungsbedingungen beschränkt, oder auch nur besonders betont in solchen Situationen, sie ist vielmehr ›flottierend‹. Die wesentlichen Symptome sind variabel, Beschwerden wie ständige Nervosität, Zittern, Muskelspannung, Schwitzen, Benommenheit, Herzklopfen, Schwindelgefühle oder Oberbauchbeschwerden gehören zu diesem Bild. Häufig wird die Befürchtung geäußert, der Patient selbst oder ein Angehöriger könnten demnächst erkranken oder einen Unfall haben.«

F30.0 Hypomanie
(Verwechslung mit 7 möglich)
»Eine Störung, charakterisiert durch eine anhaltende, leicht gehobene Stimmung, gesteigerten Antrieb und Aktivität und in der Regel auch ein auffallendes Gefühl von Wohlbefinden und körperlicher und seelischer Leistungsfähigkeit. Gesteigerte Geselligkeit, Gesprächigkeit, übermäßige Vertraulichkeit, gesteigerte Libido und vermindertes Schlafbedürfnis sind häufig vorhanden, aber nicht in dem Ausmaß, dass sie zu einem Abbruch der Berufstätigkeit oder zu sozialer Ablehnung führen. Reizbarkeit, Selbstüberschätzung und flegelhaftes Verhalten können an die Stelle der häufigen euphorischen Geselligkeit treten.«[15]

Schädigung durch die falsche Zuordnung von Enneagramm-Strukturen

Das Enneagramm auch in den Kontext mit Störungsbildern zu stellen, soll verdeutlichen, dass es genau zu prüfen gilt, ob nicht ein psychisches Störungsbild mit einer Enneagramm-Struktur verwechselt wird oder ob nicht eine Enneagramm-Struktur für eine psychische Störung gehalten wird. In den ersten Jahren der Arbeit mit dem Enneagramm maß ich dem keine so große Bedeutung bei, ob jemand in seiner eigenen Enneagramm-Struktur angekommen war oder nicht. Mir schien das größte Risiko zu sein, dass Menschen vom Enneagramm nicht richtig profitieren können. Inzwischen habe ich jedoch genügend Personen erlebt, bei denen sich zeigte, dass sie sich selbst schwächen, weil sie eine psychische Störung mit der Enneagramm-Struktur verwechseln und das Leid dadurch noch verstärkt wird. Die dauernde Beschäftigung mit den Eindrücken: »Ja, genauso ist es bei mir auch!« oder »Das habe ich auch ganz stark so«, verstärkt den Fokus auf das Leiden, was den Zugang zur eigenen Struktur noch weiter erschwert. Manchen ist es gelungen, sich von ihrer vermeintlichen Struktur zu befreien. Das war hilfreich und heilsam, denn dann konnte die persönliche Arbeit an ihrer eigentlichen Struktur beginnen.

Das Symbiosetrauma in den Kontext des Enneagramms zu setzen, schafft einen weiteren und präziseren Blick dafür, dass Menschen oft z. B. mit den Enneagramm-Strukturen ihrer Eltern identifiziert sind. Je dysfunktionaler eine bestimmte Beziehung in der eigenen Biographie war, desto höher ist die Wahrscheinlichkeit,

[15] Alle Diagnosen entnommen aus http://www.icd-code.de, Stand 20.2.2014.

dass man selbst traumatische Erfahrungen gesammelt hat und dazu noch mit den Traumagefühlen von Vater und/oder Mutter identifiziert ist und damit auch deren Enneagramm-Struktur übernommen hat. Aus meiner Sicht ist die Identifikation mit der Enneagramm-Struktur eines Elternteils eine umfassende Möglichkeit, in Bindung zu bleiben, denn das unbewusste Bedürfnis, diese Bindung aufrechtzuerhalten bzw. herzustellen, ist eine psychische Notwendigkeit für das Kind. Wenn mit den seelischen Inhalten von Vater und/oder Mutter auch deren Enneagramm-Struktur übernommen wird, dann werden damit die Eltern am vollständigsten abgebildet. Hier wird deutlich, warum sich gerade Menschen mit traumatisierten oder psychisch erkrankten Eltern unbewusst mit deren Enneagramm-Struktur identifizieren.

Ordnen sich Menschen aufgrund dieser Wahrnehmungen nicht ihrer eigenen, sondern der fremden Enneagramm-Struktur zu, wird die Verstrickung in die übernommenen Gefühle und die negative Symbiose verstärkt. Geschieht dies über Jahre hinweg, entstehen dadurch noch weitere psychische Folgeschäden. Dieses Phänomen der Identifikation mit einer Enneagramm-Struktur aus dem Familiensystem kommt weit häufiger vor, als allgemein angenommen. Hier gilt auch wieder der Grundsatz: »Nur weil einem etwas vertraut oder gewohnt ist, entspricht dies noch nicht der eigenen Enneagramm-Struktur.«

Zusammenfassung:

- Kinder brauchen den emotionalen Kontakt mit den Eltern, und sie spüren unbewusst deren verdrängte Traumagefühle auf.
- Kinder binden sich, mangels Vorhandensein anderer – echter – elterlicher Emotionen, an deren Traumatisierungen.
- Die Identifikation mit der Enneagramm-Struktur eines oder beider Elternteile ist eine sehr umfassende Möglichkeit für das Kind, in Bindung zu bleiben.

Selbstverständlich gibt es auch weniger gravierende Kontexte, die den Zugang zu einem oder mehreren Zentren erschweren. Das kann eine aktuelle Belastung sein, die Überforderung eines der drei Zentren, sodass es überlastet ist, oder die psychische Infektion durch fremde Inhalte. Dadurch wird es für die betreffende Person toxisch und sie meidet dieses Zentrum als Quelle von Leid. Im Folgenden werde ich die drei Formen Verschleierung, Überlagerung und Deformation, bezogen auf die Enneagramm-Struktur, näher erläutern.

Überdeckte Enneagramm-Strukturen

Durch äußere Einflüsse und Verstrickungen im Familiensystem kann es möglich sein, dass die Enneagramm-Struktur nicht mehr klar erkennbar ist. Oft ist weder auf energetische Weise noch mittels Interview eine klare Repräsentanz eines der drei Primärzentren zu erkennen und somit gibt es auch eher verwirrende Hinweise auf die Enneagramm-Struktur. Im Laufe der Jahre überlegte ich mir, wie man diese Beeinträchtigung der drei Zentren kategorisieren könnte. Sehr hilfreich war hier ein Seminar am Syst-Institut 2011 bei Matthias Varga von Kibéd zu Glaubenspolaritäten-Aufstellungen. Dieses Aufstellungsformat basiert auch auf der Triade und Varga von Kibéd hatte verschiedene Kategorien für die Zugänglichkeit zu den drei Zentren benannt. Für die Arbeit mit den Enneagramm-Strukturen erschienen mir die drei Begriffe *Verschleierung*, *Überlagerung* und *Deformation* wesentlich. Es gibt immer wieder das Phänomen, dass nicht nur ein Zentrum kaum spürbar ist, sondern alle drei Zentren als Ressource wenig wahrnehmbar sind. Aus verschiedenen Gründen besteht eine mangelnde Zugänglichkeit zur Quelle. Wenn jedoch das Primärzentrum nicht mehr klar wahrnehmbar und kontaminiert mit unterschiedlichen Blockaden, Störungen oder Missempfindungen ist, dann betrifft das natürlich auch die jeweilige Enneagramm-Struktur.

Es gibt auch den gegenteiligen Effekt, wenn ein Zentrum so negativ dominant ist, sei es durch Überflutung von starken Emotionen, Atemnot, Schwindel etc. Diese Wahrnehmungen sind oft komplex verknüpft und es steckt ein *Thema* dahinter, welches sich häufig nicht sogleich erschließen lässt. Eine Dysbalance in der Triade, sei es durch Über- oder Unterrepräsentation eines der Zentren Bauch – Herz – Kopf lässt den Flow der Triade stocken und hat Auswirkungen auf die ganze Triade. Die Zentren sind dann zuerst freizulegen, um sie als Quelle nutzen zu können.

Verschleierung der Enneagramm-Struktur

Hier liegt der Fall vor, dass zwei oder drei Enneagramm-Strukturen gleichzeitig oder abwechselnd aufscheinen, was dazu führt, dass Enneagramm-Mischtypen diagnostiziert werden. Das entspricht zunächst einer ganz richtigen Wahrnehmung, denn es sind tatsächlich zwei oder mehr Enneagramm-Strukturen repräsentiert. Diese Strukturen wirken nicht sehr ausgeprägt, sondern wie bei einem Wetterhäuschen ist mal die eine Struktur vorne, dann wieder die andere, und manchmal sind beide wahrnehmbar. Das bringt vorrangig das Gefühl der Verwirrung mit sich.

Als ich die Kategorien von Verschleierung, Überlagerung und Deformation noch nicht anwendete, neigte ich bei diesem Phänomen dazu, an meinen eigenen Kenntnissen zu zweifeln oder ich mutmaßte, dass ein Seminarteilnehmer/Klient etwas Relevantes von sich nicht zeigen wollte oder konnte. Diese Verschleierung ist sowohl für den Enneagramm-Kundigen als auch für die betroffene Person selbst eine große Herausforderung, denn die klaren Unterscheidungskriterien fehlen hierbei. Aber gerade deshalb gilt es zu klären, welches denn die eigene Struktur ist und was eine fremde Enneagramm-Struktur sein könnte. Denn bei der Verschleierung ist die Unterscheidung von Fremdem und Eigenem am schwierigsten. Wenn jemand mit einer fremden Struktur identifiziert ist, dann hat er diese auch verinnerlicht. In der Aufstellung der Triade sprechen wir dann häufig davon, dass die Person diese Struktur »gut kann«.

Wenn eine negative Verstrickung im Familiensystem die Ursache dafür ist, dass mehrere Enneagramm-Strukturen gleichzeitig wirken, dann würde die Mischtypen-Diagnose die bestehende Verstrickung noch stärker unterstützen und die dringend nötige Trennung von Eigenem und Fremden wäre somit deutlich erschwert. Ich vertrete hier die klare Haltung, dass jeder Mensch tatsächlich nur in einer der neun Enneagramm-Strukturen beheimatet ist. Denn es liegt auf der Hand, dass die Beschäftigung mit der fremden Enneagramm-Struktur dafür sorgt, dass man noch mehr in das Erleben der Fremdstruktur hineingerät und es für das eigene hält. Das Wachstum in der eigenen Struktur gerät in den Hintergrund, denn die Schleier lenken ab und verschieben den Fokus. Wenn es jemand sehr nötig hat, sich von Vater, Mutter oder der Gesamtfamilie abzugrenzen, ist die Wahrscheinlichkeit hoch, dass er eben mit deren Enneagramm-Struktur/en identifiziert ist, denn die übernommene Struktur fungiert als Trojanisches Pferd.

Überlagerung der Enneagramm-Struktur

Hier überlagern andere Themen die eigene Enneagramm-Struktur. Dies sind oft übernommene Ansichten aus dem Familiensystem, negative Erfahrungen im Außen. Stellen Sie sich vor, Sie sehen einen roten Schrank. Sie sehen nur die rote Farbe, und wenn Sie den Schrank befragen, wie er aussieht, dann wird er natürlich sagen, er sei rot. Sie wundern sich vielleicht etwas über die Form, denn eigentlich sieht er aus wie ein Bauernschrank. Sie beginnen vorsichtig, die rote Farbe zu entfernen, und entdecken darunter einen weißen Anstrich. Auch diesen lösen Sie vorsichtig und darunter kommt die alte Bemalung mit den Blumen zum Vorschein. Jetzt erst können Sie den Bauernschrank als solchen ganz erkennen. Bei der Arbeit mit Überlagerungen der Enneagramm-Struktur verhält es sich ebenso wie bei einem langsamen Restaurierungsprozess. Vielleicht besteht eine Idee davon, was zum Vorschein kommt, dann braucht es viel Geduld, die Schichten abzutragen. Eine Vielzahl von Phänomenen oder auch Emotionen sind dafür verantwortlich, dass das Primärzentrum, und in der Folge auch die dazu gehörige Enneagramm-Struktur, nicht richtig erfasst werden kann. Der Grundsatz »Störungen haben Vorrang« greift hier ausdrücklich. Über die Arbeit mit den Blockaden wird sich mit der Zeit auch die eigene Enneagramm-Struktur zeigen, denn sie ist das Betriebssystem, mit dem die negativen Erfahrungen verarbeitet wurden.

Deformation der Enneagramm-Struktur

In Bezug auf die Ursache gilt hier das Gleiche wie bei der Überlagerung, denn es ist aus familiensystemischen oder biographischen Gründen nicht möglich, die eigene Enneagramm-Struktur zu leben. Gerade die Kategorie Deformation machte mir deutlich, dass es logischer ist, davon auszugehen, dass die Struktur angeboren ist und keine Überlebensstrategie selbst darstellt, die etwa gewählt wurde, denn sonst müsste die Enneagramm-Struktur ja gerade bei komplex traumatisierten Menschen oder Personen mit schwierigen Biographien besonders deutlich zu erkennen sein.

Jedoch ist bei Menschen mit solch belastenden Erfahrungen das Zentrum häufiger deformiert und verformt, das heißt, selbst wenn die Ursachen für die Überlagerungen nicht mehr so stark wirken, gerät der Fluss der eigenen strukturellen Beschaffenheit doch immer wieder ins Stocken. Das können Sie sich so vorstellen, als wäre das natürliche Flussbett zugeschüttet, weshalb der Strom immer wieder versickert und es mühsam ist, das ursprüngliche Flussbett wieder zu »renaturieren«.

Die Enneagramm-Struktur als energetisches Flussbett

In Kursen, die ich nur für eine bestimmte Enneagramm-Struktur ausgeschrieben habe, war es oft verblüffend, dass sich viele Teilnehmer so unterschiedlich fühlten, wo sie doch mehr Ähnlichkeit erwartet hatten. Einerseits möchte niemand in eine Schublade gesteckt werden, andererseits gibt es doch die Suche nach Übereinstimmung. Die Enneagramm-Struktur behindert in keiner Weise die persönliche Individualität. Gerade weil dadurch spezifische Möglichkeitsräume entstehen, sind Unterschiedlichkeiten viel besser und genauer zu erkennen, denn jeder von uns wendet z. B. sein persönliches Wertesystem auch auf andere an und kreiert seine eigenen Schubladen.

Eine Enneagramm-Struktur, die aus dem jeweiligen Zentrum gespeist wird, kann nicht klar zutage treten, wenn der Zugang zum jeweiligen Energiezentrum nicht funktioniert. Hier müssen wir uns wieder klar machen, dass die Enneagramm-Struktur angeboren ist und es vielfältige Gründe dafür geben kann, warum dieses Primärzentrum nicht zugänglich ist.

Die Enneagramm-Struktur bildet ein energetisches Flussbett, das in seinem ursprünglichen Verlauf durch Biografie, Sozialisation, traumatische Erlebnisse und familiensystemische Verstrickungen verändert sein kann. Es können Steine darin liegen, das Wasser wurde in Kanäle gelenkt, die anderen oder auch einem selbst besser erschienen. Wenn das Flussbett davon sehr betroffen ist, dann kann das Wasser nicht mehr naturgemäß fließen. Die Ressource, die darin liegt, kann also auch nicht mehr wirksam werden. An diesem Punkt identifizieren sich Menschen dann häufiger mit einer anderen Enneagramm-Struktur, die dem *veränderten Zustand* ihres Flussbettes entspricht, aber nicht seiner *natürlichen Beschaffenheit*.

Jede Enneagramm-Struktur kann in ihrer Beschaffenheit unterstützt und gestärkt werden, sodass bewusst ein energetischer Zustand hergestellt werden kann, der kongruent ist mit dem Flussbett (siehe auch »Wahrnehmungsübung 11 – Eine Reise durch alle neun Strukturen« auf Seite 34).

Zusammenfassung:

- Das Enneagramm ist eine wegweisende Hilfe im Dschungel der menschlichen Psyche.
- Die Enneagramm-Struktur ist ein Möglichkeitsraum, der potenziell unbegrenzte Möglichkeitsbäume bietet.
- Die Enneagramm-Struktur verändern zu wollen, bedeutet einen erheblichen psychischen Aufwand.
- Es existiert ein natürliches energetisches Flussbett, in dem die Enneagramm-Struktur fließt.

Fallbeispiel: Stärkung der Beschaffenheit einer Enneagramm-Struktur

Der Klient, 42 Jahre alt, hat die Struktur 2, ein strömendes Herz. Er machte einen recht unbeschwerten und ressourcenvollen Eindruck, sein Leben verlief gut und er berichtete, dass er eine glückliche Kindheit gehabt habe und eine sehr gute Beziehung zu seinen Eltern pflege. Sein Problem war, dass er für jede Ex-Freundin in einer Verantwortung blieb, was seine aktuelle Beziehung ziemlich belastete, da er für diese Ex-Freundinnen immer erreichbar war. Er hatte sich schon immer gefragt, warum er Sorgen habe, dass er nicht mehr geliebt werde und es war für ihn eine große Erleichterung zu erfahren, dass dies strukturell bedingt ist und nicht doch irgendwas in seiner Kindheit schief gelaufen sei. Gerade weil er biografisch keine Dämpfer erfahren hatte, floss sein Herz nur so über, und diesen Zustand wollte er auch behalten. Die Schwierigkeit lag darin, dass er kein Reservoir dieser Herzenswärme für sich selbst bildete.

1. Durchgang durch die Triade: Bauch – aufgeregt, flammenartig und brodelnd. Herz – warm und intensiv strömend. Kopf – genervt und überfordert vom Herz. Der Klient wollte einen Panzer für das Herz. Nach diesem Durchgang war klar, dass seine innere psychische Bewegung wahrscheinlich meist vom strömenden Herz in die Impulse ging und der Kopf dabei zuletzt ins Spiel kam. Dadurch entstand das unsichere Gefühl im Bauch.

2. Durchgang durch die Triade: Bauch – wie oben. Herz – wie oben, Herzenergie rot, das Herz wollte ein großes Gefäß, in der sich die eigene und die Herzenergie von anderen mischen können. Bei Nachfrage, wie es selber aussehen würde, erschien es dem Herz sinnvoll, weiter hinten ein eigenes Reservoir nur für sich zu bilden. Kopf – deutlich entspannt und nicht mehr überfordert.

3. Durchgang durch die Triade: Bauch – deutlich ruhiger, fester Stand. Herz – fühlte sich zufrieden und hatte keine Angst mehr, musste nicht gepanzert werden. Kopf – er spürte kein Dilemma mehr zwischen Kopf und Herz, war klar und frei und fühlte sich nicht mehr von dem Herz übergangen. Erneut Bauch – stabil und ruhig, mehr Raum für sich selbst.

Mit diesem Bild und dem körperlichen Empfinden rückten andere Menschen etwas weiter weg, er konnte die Bezogenheit zu diesen Menschen jedoch noch ausreichend für sich spüren und hatte das Gefühl, seine eigenen Grenzen besser wahrzunehmen. Er hatte dann das Bedürfnis, dies auch zeichnerisch am Flipchart festzuhalten. So hatte er eine bildliche Erinnerung an den ressourcenhaften Zustand des Herzens.

~ Teil v ~

Fallbeispiele

Fallbeispiel 1: Überlagerung, toxische Wirkung des Herz-Zentrums

Es ging um eine Seminarteilnehmerin, die »sehr nah am Wasser gebaut war«. Bei fast jedem Kursabend gab es eine Situation, in der ihr die Tränen in den Augen standen. Dies hatte bei ihr zu der Annahme geführt, sie müsse im Herz-Zentrum verankert sein, denn bei ihr würde es wohl immer um Emotionen gehen. Als ich sie hierzu befragte, sagte sie, eigentlich komme ihr das wie angestaute Energie vor. Sie würde sich oft ärgern, dass sie dieses Weinen hätte. In der Aufstellung der Triade stellte sich dann heraus, dass sie die Struktur 8 hatte, also expansiver Bauch. Die flutenden Emotionen hatten dieses Zentrum sehr überlagert. Sie selbst kam aus instabilen Familienverhältnissen, trug sehr viel Verantwortung und war an zentraler Stelle des Familien-Mobiles. So war sie von der emotionalen Instabilität der Familienmitglieder sehr betroffen und versuchte, dort immer wieder auszugleichen und zu stabilisieren. Sich selbst Raum zu nehmen und in ihre Kraft zu kommen, hatte bisher nicht im Mittelpunkt gestanden und war im Familiensystem auch nicht erwünscht. Durch ihre Kraft konnten sehr viele Traumagefühle ihrer Eltern und auch der Geschwister bei ihr andocken. Interessanterweise wurde das Phänomen der Tränen durch die bewusste Wahrnehmung und Aktivierung des Bauches viel besser, sie wurde nicht mehr so geflutet.

Zusammenfassung:

- Eine andauernde emotionale Überforderung kann das Herz-Zentrum »vergiften«.
- Das Herz-Zentrum steht nicht mehr als Ressource zur Verfügung.
- Die eigene Enneagramm-Struktur kann grundsätzlich als unterstützende Ressource dienen.

Auch ein körperlich erlebtes Trauma kann diese Wirkung entfalten, das heißt, die Spätfolgen des Traumas und die dazugehörigen Phänomene überlagern die Struktur. Da der Betroffene unter einer posttraumatischen Belastungsstörung leidet, kann er dieses Störungsbild nicht von einer Enneagramm-Struktur unterscheiden. Ich frage mich deshalb immer: Kann derjenige in dieser Struktur wachsen oder repräsentiert sie mehr sein Leid?

Fallbeispiel 2: Deformation Kopf-Zentrum – Schädel-Hirn-Trauma und die Spätfolgen

Ein Klient hielt sich für eine 9 und schrieb dies folgenden Phänomenen zu: Schnelle Ermüdung, Konzentrationsschwäche, Entscheidungsschwäche, Antriebslosigkeit. Er berichtete dann im Anamnesegespräch, dass er als vierjähriges Kind vom Auto angefahren worden sei und eine starke Hirnquetschung erlitten habe. Dies habe bei ihm zum Sprachverlust geführt. Bis zu diesem Unfall beherrschte er zwei Sprachen. Nach längerem Krankenhausaufenthalt konnte er dann wieder die eine Sprache erlernen, die andere jedoch könne er bis heute nicht mehr aktiv sprechen. Mein Eindruck war, dass Spätfolgen dieses Schädel-Hirn-Traumas mit bestimmten Aspekten von 9 verwechselt wurden. In der Aufstellung der Triade berichtete er, als er auf dem Kopf-Zentrum stand, dass seine »Backen wachsen« würden, die bewusste Aktivierung dieses Zentrums setzte also etwas in Gang.

Im weiteren Verlauf der Enneagramm-Arbeit zeigte sich, dass er die Struktur 6 hatte. Sein Primärzentrum Kopf war durch die Spätfolgen des Traumas überlagert worden. In einer entscheidenden Phase seines Lebens fiel dieses Zentrum sozusagen für eine gewisse Zeit aus. Dem Klienten brachte die Erkenntnis über seine Struktur eine sehr große Orientierung und schuf Sicherheit. Phänomene, die er vorher eher für pathologisch gehalten hatte (übertriebene Vorsicht, Misstrauen anderen gegenüber etc.), konnte er jetzt als Aspekte seiner Struktur erkennen. Er war sehr erleichtert, dass die oben beschriebenen Störungen reversibel waren und nicht Ausdruck seiner Enneagramm-Struktur.

Zusammenfassung:

- Körperliche Traumata können eines der drei Zentren blockieren.
- Eine posttraumatische Belastungsstörung ist keine Enneagramm-Struktur.
- Die eigene Enneagramm-Struktur bietet Orientierung/Perspektive.

Fallbeispiel 3: Überlagerung, Vertreibung und Flucht

Die Klientin hatte sich selbst lange für eine 4 gehalten. Sie erzählte, dass ihre Großmutter auch eine 4 gewesen sei und sie berichtete davon, dass sie das Gefühl sehr gut kennen würde, nicht dazuzugehören, Sehnsucht nach einem anderen Leben zu haben und melancholisch zu sein. In der Bestimmung der Enneagramm-Struktur zeigte sich jedoch, dass sie selbst eine 7 war, also im Primärzentrum Kopf beheimatet und energetisch diametral entgegengesetzt der 4. Ihre Adaption an das Familiensystem, in dem immer eine Schwere lag, bestand darin, sich selbst zu verleugnen und alle schnellen Impulse und Ideen, die sie hatte, außerhalb der Familie zu leben.

Sie berichtete, dass ihre Familie vertrieben wurde und einer deutschsprachigen Minderheit angehört hätte. In Deutschland angekommen, hätten sie erleben müssen, dass sie noch ausgegrenzter waren als in ihrer bisherigen Heimat. Die Großmutter war mit drei Kindern alleine geflohen, eines der Kinder starb auf der Flucht. Die Klientin berichtete, dass der Durchhaltewillen der Großmutter enorm durch die Aussicht genährt wurde, endlich irgendwo »anzukommen«. Dann zu erleben, dass sie nicht erwünscht war und auch zeit ihres Lebens in der neuen Heimat keinen richtigen Anschluss zu finden, prägte die ganze Familie. Das schon vorher vorhandene Erleben, als Minderheit nicht dazuzugehören wurde jetzt noch traumatischer und so war die Atmosphäre der Vierer-Struktur in der ganzen Familie präsent.

Die familienatmosphärische Struktur speiste sich wie folgt: Wir sind anders als die Anderen; wir gehören nicht dazu; irgendwo gibt es einen Ort, an dem wir zugehörig sein werden; Sehnsucht nach Kontakt mit anderen; Melancholie und Schwermut; sich für defekt und fehlerhaft halten; Neid, die anderen haben etwas, das wir nicht haben.

Da die Klientin in dieser Atmosphäre groß geworden war, war sie komplett damit identifiziert. Die eigene Struktur unbewusst zu verstecken, schwächte sie weiter und sie konnte auf das Potenzial ihrer Siebener-Struktur kaum zugreifen. Das Verständnis dafür, dass sie sich mit den Traumata ihrer Mutter und Großmutter identifiziert hatte, brachte schon eine deutliche Erleichterung. So konnte im weiteren Verlauf der Prozessarbeit die toxische Wirkung der transgenerationalen Traumata reduziert und auch die eigene Struktur als Ressource genutzt werden, um die psychischen innerlichen Grenzen besser zu stärken.

Zusammenfassung:

- Enneagramm-Strukturen können transgenerational wirken.
- Identifikation mit den Traumata von Großmutter und Mutter.
- Eigenes und Fremdes wird als eins empfunden.
- Schwerwiegende Ereignisse können die Atmosphäre einer Enneagramm-Struktur erzeugen.

Gerade die Traumata des 1. und 2. Weltkrieges spielen immer wieder eine zentrale Rolle, und z.B. Vertreibung und Flucht tauchen im Zusammenhang mit einer

Struktur-Bestimmung auf. Das Phänomen, dass man mit der Struktur eines anderen Familienmitgliedes identifiziert ist, gibt es erstaunlich häufig. Es muss nicht immer dazu führen, dass man sich selbst für diese Struktur hält, hier gibt es unterschiedliche Abstufungen. Es kann auch nur ein Anteil in der Persönlichkeit sein, der diese Enneagramm-Struktur trägt.

Fallbeispiel 4: Verschleierung/unterbrochener Zugang zum eigenen energetischen Flussbett

Der Klient war in der Struktur 9 beheimatet und es gelang ihm nur mühsam, in sein energetisches Flussbett zu kommen. Viele Aspekte der Struktur 5 tauchten immer wieder bei ihm auf, diese waren strukturfremd. Natürlich führte das auch zu der Überlegung, ob er denn nicht in dieser Struktur beheimatet sei. Jedoch war immer wieder signifikant zu spüren, dass der gedämpfte Bauch, in dem »alles sein kann und nichts sein muss« für ihn sein Zuhause war. Das Grundthema Sicherheit und Orientierung tauchte immer wieder auf, hielt sich jedoch nicht, es wirkte tatsächlich wie ein Schleier, der sich immer wieder schnell lüftete. Als wir an einem ganz anderen Thema arbeiteten, dem frühen plötzlichen Tod der Schwester, und er seine innere Repräsentanz der Schwester in der Triade mittels Bodenanker legte, da wurde ihm klar, dass wahrscheinlich seine Schwester in dieser Struktur beheimatet war. Er hatte aus unbewusster Loyalität Aspekte dieser Schwester übernommen, über die in der Familie kaum gesprochen wurde. Um in Bindung mit ihr zu bleiben, wurde er ihr energetisch ähnlich. Es war eine Last, die von ihm abfiel, als er erleben konnte, dass er das nicht weiter für sie übernehmen musste, da es ihn zunehmend geschwächt hatte (gegenläufige Bewegung der Triade, vom Bauch in den Kopf).

Zusammenfassung:

- Die Bindung an eine Person zeigt sich durch die Repräsentanz deren Enneagramm-Struktur.
- Verschleierung ist anstrengend, da die eigene Struktur zwar spürbar ist, aber nicht gelebt wird.
- Nicht in das eigene Flussbett kommen zu können, hat fast immer systemische Ursachen.

Fallbeispiel 5: Deformation der Struktur durch die Biografie

Die Klientin kam als 9 zu mir ins Seminar. Dies wirkte über weite Strecken auch sehr passend und trotzdem fehlten ihr einfach die weichen psychischen Konturen der 9 und vor allem berichtete sie, dass sie unter dem Zustand, den sie der 9 zuschrieb, leiden würde. Das ist immer eine Stelle, an der ich aufhorche, denn die eigene Struktur ist ja auch stärkend und ein Potenzialreservoir. Wir arbeiteten dann intensiv am Zugang zum Bauch-Zentrum, sowohl mit Aufstellungen als auch mit inneren Bildern. Immer deutlicher wurde, dass es hier um den »expansiven Bauch« geht, also die Struktur 8. Nach dem Kurs sah ich sie für einige Monate nicht wieder und im nächsten Seminar zeigte sich eigentlich das gleiche Bild: Die expansive Bauchenergie war fast versiegt. Sie erzählte dann, dass sie sich als Frau mit drei Kindern und einem patriarchalen Ehemann hätte immer unterordnen müssen (Grundangst der Struktur 8), das wäre auch schon in ihrer Kindheit so gewesen. Man hatte den Eindruck, dass sie nicht mehr in das natürliche Flussbett ihrer Enneagramm-Struktur zurückfinden konnte, als sei schon einfach zu viel Lebenszeit verstrichen. So kam diese Teilnehmerin über einige Jahre immer wieder, um eine Art »Bauch-Kur« zu machen. Sie selbst konnte zwar ganz langsam immer mehr davon spüren, aber das expansive Bauchgefühl blieb ganz flüchtig. Jedoch berichtete sie, dass sie sich einfach mehr »als sie selbst fühlen würde«. Allerdings schien ihr der Preis, den sie dafür zu zahlen habe, dieses Gefühl auch äußerlich zu leben, einfach zu hoch.

Zusammenfassung:

- Sozialisation kann die Enneagramm-Struktur dauerhaft deformieren.
- Eine deformierte Enneagramm-Struktur kommt schwer wieder in ihr natürliches energetisches Flussbett.
- Andere Überlebensstrukturen sind inzwischen so stark ausgeprägt, dass die Struktur teilweise deformiert bleiben kann.
- Es gibt einen verdeckten Gewinn dabei, in einer anderen Struktur »Unterschlupf« zu suchen.

Fallbeispiel 6: Intelligenzminderung und Enneagramm-Struktur

Die Klientin kam zu mir in die Therapie, um ihren Selbstwert zu stärken. Sie war infolge einer Operation zur Tumorentfernung am Kopf, als sie zwei Jahre alt war, intelligenzgemindert. Man konnte mit der Klientin sehr gut arbeiten, denn sie hatte Zugang zu allen drei Energiezentren. Interessanterweise sagte sie schon zu Beginn, dass das Bauch-Zentrum ihr Zuhause sei und das bestätigte sich auch in der weiteren Arbeit. Sie hatte die Struktur 1, jedoch in einer sehr abgeschwächten Variante. Die Deformation der Einser-Struktur »Bauch im Aggregatzustand abgespalten« war deutlich zu spüren. Da diese Deformation jedoch körperlichen Ursprungs war und nicht die Folge eines psychischen Traumas, erlebte sie dies als keine große Beeinträchtigung. Im Sinne des Vier-Säulen-Modells waren Lebensthema, Grundangst,

Grundbedürfnis und Abwehr vorhanden, jedoch sackte das Ganze auch immer wieder zusammen und sie geriet in eine leichte Apathie. Hier war es hilfreich, die energetische Säule der 1 immer wieder zu stärken und die Klientin konnte von ihr selbst gesetzte Ziele damit erstaunlich präzise umsetzen. Sie übte den Durchgang durch die Triade und konnte damit ihr Durchsetzungsvermögen stärken und gut für Ihre eigenen Interessen bei der Arbeit eintreten.

Zusammenfassung:

- Körperliche Beeinträchtigungen können die Enneagramm-Struktur deformieren.
- Die Deformation ist nicht gleichbedeutend mit einer starken psychischen Störung.
- Die bewusste Induktion und Stärkung der Enneagramm-Struktur ist eine wertvolle Ressource.

Fallbeispiel 7: Identifikation mit der Struktur der psychisch kranken Mutter

Die Klientin kam mit der Struktur 6. Sie berichtete ausführlich, dass das Lebensthema Zweifel, die Grundangst, preisgegeben zu werden, und das Grundbedürfnis Sicherheit, ganz wesentliche Aspekte ihres Lebens seien. Der Zweifel würde in ihrem Leben dazu führen, dass so vieles zum Stillstand kommen würde. Man konnte alle diese Aspekte auch tatsächlich in ihr entdecken. Auf die Frage nach ihrer Biografie erzählte sie dann, dass ihre Mutter an einer bipolaren Störung litt. Die Mutter hätte immer wieder manische Phasen gehabt und wäre dann für eine unbestimmte Zeit in die Klinik gekommen. Diese mangelnde Sicherheit in der Kindheit war ein wesentlicher Aspekt dafür, warum die Klientin sich überhaupt für die Struktur 6 hielt. Als sie dann jedoch mehr von ihrer Mutter erzählte, war zu vermuten, dass eventuell diese in der Struktur 6 beheimatet war. Die Klientin hatte diese Vermutung selbst schon lange, war aber nie auf die Idee gekommen, dass sie die Struktur der Mutter übernommen haben könnte.

Als wir begannen, mit ihrem inneren System zu arbeiten, zeigte sich ein Anteil, der alle Qualitäten der Struktur 6 trug. Es ging viel um Pflichtbewusstsein, Loyalität, Autoritäten, Sicherheit. Auf die Frage jedoch, warum das denn alles wichtig sei, kam eine erstaunliche Antwort. Der Anteil war ein Mädchen von zehn Jahren, das noch immer auf der Suche nach der Liebe der Mutter war. Indem dieses Mädchen in der Klientin der Mutter ganz ähnlich wurde, konnte sie eine Verbindung herstellen. Das, worunter dieser verletzte Anteil am meisten gelitten hatte, war das Gefühl, ungeliebt und unerwünscht zu sein. Die Maske der Sechser-Struktur sollte ihr dazu verhelfen, endlich die Liebe der Mutter zu gewinnen. In der weiteren Arbeit konnte die Klientin erkennen, dass sie für die Illusion, die Liebe der Mutter erreichen zu können, einen hohen Preis zahlte. Denn ihr eigentlich »strömendes Herz« war mit einer dicken Panzerschicht bedeckt. Je mehr von dieser Panzerschicht abfiel, desto deutlicher trat darunter die Struktur 2 zutage. Die Identifikation mit der Struktur der Mutter war also eine Überlebensstrategie, die in eine Sackgasse geführt hatte. Die Klientin konnte sich durch das Erleben ihrer eigenen Struktur psychisch besser von ihrer Mutter abgrenzen, sie entwickelte das Gefühl von mehr eigener Identität und gewann mehr Kompetenz darin, ihre eigenen zu bearbeitenden Themen von den Themen/Störungen der Mutter überhaupt zu unterscheiden.

Zusammenfassung:

- Die Identifikation mit einer fremden Struktur soll Bindung herstellen.
- Die reale Bedrohung von Sicherheit und Orientierung kann für eine Enneagramm-Struktur gehalten werden.
- Wenn die Beziehung der Mutter zum Kind besonders dysfunktional war, erhöht sich das Risiko, sich gerade mit dieser Struktur zu identifizieren.

Fallbeispiel 8: Deformation der Struktur durch gesellschaftliche Normen und Werte

Das gesellschaftliche Umfeld ist geprägt von bestimmten Werten, einem Verhaltenskodex und kulturellen Normen. Diese ganzen äußeren Einflüsse interagieren mit unserem Betriebssystem, der Enneagramm-Struktur. Je nachdem wie positiv oder negativ die Erfahrungen sind, die wir diesbezüglich machen, hat dies Einfluss auf unser Betriebssystem. Wenn wir uns als eher dysfunktional erleben, werden in uns Kräfte aktiviert, die das natürlich verbessern wollen. Was unsere Enneagramm-Struktur betrifft, so machen wir positive und negative Erfahrungen. Wenn diese positiv sind, dann bestärkt uns das darin, uns weiterhin so zu verhalten. Wenn wir hingegen erleben, dass dies nicht gewünscht ist oder zu Schwierigkeiten führt, dann werden wir versuchen, dies in irgendeiner Weise zu verstecken, zu verändern oder zu reduzieren. So können gesellschaftliche Einflüsse die ursprüngliche Enneagramm-Struktur so prägen und modifizieren, dass sie einem selbst nicht mehr zugänglich sind.

Beispiel 1: Männer mit der Struktur 2

Sie erinnern sich, es geht um warm-strömende Herzenergie, Bezogenheit und Kontakt sind ganz wesentliche Themen. Wenn ein Mann mit dieser Struktur vor 60 Jahren geboren wurde, dann gab es dieses Verständnis für Männer mit solch einer Persönlichkeitsstruktur eher weniger. Die Eigenschaften der Struktur 2 wurden – und werden – vielmehr Frauen zugeordnet. Solch ein Junge musste damit rechnen, dass er für die positiven Eigenschaften, die diese Struktur mit sich bringt, keine große Anerkennung erhielt. Ein Klient berichtete mir, dass er immer als »Memme« beschimpft wurde, und dass sowohl sein Vater als auch seine Mutter ihn sanktionierten, wenn er ihnen zu »mädchenhaft« vorkam. Er vermutet heute, dass da auch eine gewisse Angst dahinter steckte, er könne homosexuell sein. Also versuchte er, sich den Erwartungen der Eltern so gut wie möglich anzupassen. Die struktureigene Abwehr Verdrängung half ihm dabei. Die sekundäre Abwehr Ignoranz konnte das weiter unterstützen. Seine Stärke Bezogenheit war nicht gefragt, so wurde der Gegenpol kühle Distanz weiter ausgebaut und sein Stresspunkt, die 8, wurde immer mehr aktiviert.

Trotzdem strömte das Herz noch weiter wie durch eine poröse Wasserleitung, in unpassenden Situationen und für ihn sehr schwer steuerbar. Nach außen den starken Mann markierend, fühlte er sich zunehmend erschöpft und ausgelaugt. Diese Überlebensstrategie kostete ihn viel Kraft. Sein Herz als Primärzentrum zu entdecken, war extrem schmerzhaft, denn er hatte die damit verbundenen Qualitäten ja selbst auch abgelehnt und die Sicht der anderen übernommen. Der darin verborgene abgekapselte Schmerz war heftig und wollte unbedingt gesehen werden. Dem Anteil in ihm, der dies repräsentierte, musste erst klargemacht werden, dass er jetzt zwar nicht mehr vergessen wird, es aber eine gewisse Zeit braucht und die Verletzungen der ganzen Jahrzehnte nicht gleichzeitig an die Oberfläche kommen können. Das erste Ziel in der Therapie war, dass die Herzenergie nicht immer sofort mit Schmerz und Verletzung gekoppelt wurde, sondern dass auch der Zugang zu der Ressource möglich war. Damit wurde zunächst eine gewisse Stabilität gewährleistet.

Zusammenfassung:

- Deformation geschieht durch Anpassung.
- Gesellschaftliche Zwänge führen zur Deformation.
- Die Sicht der anderen wird so übernommen, dass sie zum Selbstbild wird.

Beispiel 2: Frauen mit der Struktur 8

Wie Sie bereits wissen, handelt es sich um die »expansive Bauchenergie«. Ein Mädchen, welches mit dieser Struktur zu Welt kommt, vor allem noch vor 50 bis 60 Jahren, erlebte häufig, dass ihre starken Impulse nicht erwünscht waren. Oft waren die Mutter und/oder auch der Vater von dieser Energie überfordert. In vielen Fällen waren die Eltern auch der Überzeugung, dass ihr »Wille gebrochen werden muss« oder – in der schwächeren Variante – so lange pädagogisch eingewirkt wurde, bis sich das Mädchen anpasste. Im Laufe der Jahre habe ich viele Frauen der Struktur 8 intensiv auf ihrem Weg begleitet und veranstalte jährlich ein Seminar für Frauen mit dieser Struktur. Diese haben sehr oft erlebt, dass sie einfach nicht wussten, was sie falsch gemacht haben sollten. Sie haben dann versucht sich anzupassen, sich zurückzunehmen und erlebten immer wieder, dass ihre Umwelt sie trotzdem als »zu wuchtig« oder »zu dominant« empfand. Im Berufsleben machten sie häufig ähnliche Erfahrungen und gerade männliche Chefs fühlten sich herausgefordert. Die Frauen erlebten mehr als andere machtorientierte Auseinandersetzungen. So blieb für viele nur der Weg der Reduktion, denn die gesellschaftlichen Umstände machten es ihnen schwer, unbefangen diese Struktur leben zu können. Man könnte fast sagen, dass manche dieser Frauen eine regelrechte Angststörung bezüglich ihrer eigenen Struktur entwickelt hatten.

Zusammenfassung:

- Die eigene Struktur wird als bedrohlich erlebt aufgrund der Reaktionen der anderen.
- Die Energie und Aufmerksamkeit wird auf die Reduktion der eigenen Struktur verwendet.
- Die Manipulation der eigenen Struktur wird zum Dauerzustand.

Fallbeispiel 9: Langwierige Erkrankung – von der 9 zur 5

Der Klient hatte sich mit dem Enneagramm schon mehrere Jahre intensiv beschäftigt und war davon überzeugt, eine 9 zu sein. Er berichtete, dass er schon seit Jahren unter Müdigkeit und Antriebslosigkeit leide und deshalb seinen Raum bräuchte, in dem er sich zurückziehen könne. Er erzählte, wie er sich einigeln würde, um seine Ruhe zu haben. Bei der Nachfrage, warum er denn diese Ruhe und den Raum bräuchte, erläuterte er, dass er dann wieder zu sich käme und wieder Überblick gewinnen würde. In der weiteren Befragung tauchten die zwei Themen Autonomie und Sicherheit fast gleichrangig auf.

Die Aufstellung der Triade durch ein Resonanzfeld

Durchgang 1: Mehrere Kursteilnehmer bilden einen lockeren Kreis um dieses Dreieck, welches mittels Bodenankern/Scheiben dargestellt ist. Der Klient selbst stellt sich auf das jeweilige Zentrum und die Personen außen berichten, welche Körperempfindungen/Emotionen sie am jeweiligen Zentrum wahrnehmen.

Bauch – fast alle Teilnehmer berichteten, dass sie dieses Zentrum schwach wahrnehmen würden und nur ein kleines Zentrum spürbar sei. Der Klient selbst spürte seinen Bauch ganz wenig. Herz – ein fast neutrales Körpergefühl ohne eine klare Wahrnehmung im Herzbereich. Der Klient selbst spürte gar nichts. Kopf – hier gab es heftige Reaktionen im Resonanzfeld. Die Teilnehmer links vom Klienten spürten heftige Übelkeit, Schwindel und Taumel. Diejenigen, die hinter ihm standen, hatten die gleichen Symptome, jedoch schwächer ausgeprägt. Die beiden Personen, die direkt im Blickfeld standen, hatten einen festen und guten Stand. Sie berichteten, dass es ihnen ausnehmend gut gehe.

Durchgang 2: In der Wiederholung blieben die Wahrnehmungen konsistent in den jeweiligen Zentren. Im Kopf-Zentrun jedoch verschlimmerten sich die Symptome auf der rechten Seite des Klienten, zwei Teilnehmer konnten nur jeweils ganz kurz in ihren Rollen bleiben, weil Schwindel und Übelkeit so stark wurden. Die klaren und festen Positionen blieben jedoch genauso bestehen. Als andere Teilnehmer des Resonanzfeldes die Position wechselten und ins Blickfeld des Klienten kamen, wurden diese sofort stabil und sicher. Nun galt es, diese heftigen Reaktionen einzuordnen.

Auf Nachfragen erzählte der Klient, dass er als Kind mit Unterbrechungen fast zwei Jahre im Krankenhaus verbracht hätte. Dies fand in den 1960er Jahren statt, die Eltern durften nur einmal die Woche zu Besuch kommen. Er war aufgrund dieser traumatischen Erfahrung sowohl körperlich als auch geistig entwicklungsverzögert. Im Laufe der weiteren Arbeit wurde deutlich, wie furchtbar diese Erfahrung als Kind für den Klienten war. Das Primärzentrum Kopf konnte sich nicht altersadäquat entwickeln, die leitenden Symptome blieben sein Leben hindurch wegweisend und bestimmend. So war es für ihn naheliegend, sich in der Struktur 9 wiederzufinden, denn die 9 bildet alle Symptome von Traumafolgen ab: Antriebslosigkeit, Eindruck von Gefühllosigkeit, Vergesslichkeit, Benommenheit, Konzentrationsschwierigkeiten, Rückzugstendenzen etc.

Der gravierende Unterschied jedoch zwischen der Struktur 9 und einer posttraumatischen Belastungsstörung ist, dass für Neuner-Strukturen in diesen Symptomen auch Wachstum und Ressource stecken. Das persönliche Wachstum mit den spezifischen Gaben als 5 war ihm jedoch nur begrenzt möglich, denn er hatte sich weiter mit den Traumafolgen identifiziert und diese dadurch genährt. Durch das Ankommen in seinem strukturellen Primärzentrum Kopf war schon bald eine Klarheit und Genauigkeit zu beobachten, die seiner ganzen Persönlichkeit mehr Kontur und Ausdruckskraft verlieh. Wichtig war hier zu sehen, dass der Klient durch das Bewusstsein, dass seine Primärenergie Kopf ist, erst zu der Möglichkeit gefunden hat, in seiner Struktur überhaupt zu wachsen und sich weiterzuentwickeln.

Zusammenfassung:

- Das Primärzentrum kann durch körperliche Ursachen eingeschränkt zugänglich sein.
- Spätfolgen von Hospitalismus sind keine Enneagramm-Struktur.
- Die Einschränkung des Primärzentrums in einer wesentlichen kindlichen Entwicklungsphase kann weitreichende Auswirkungen haben.

Fallbeispiel 10: Körperliche Gewalt als Trauma – von der 6 zur 8

Die Klientin kam zum Coaching, um an beruflichen Themen zu arbeiten. Sie kannte das Enneagramm seit einigen Jahren und schätzte sich als 6 ein. Alle Themen der Struktur 6 waren gegeben, der Zweifel, das große Bedürfnis nach Sicherheit, die Frage, was denn im Leben schiefgehen könne, Ambivalenz. In der Struktur-Bestimmung war jedoch auch zu bemerken, dass all diese Ängste und Zweifel darin mündeten, dass sie in ihrer Autonomie (Thema des Bauches) bedroht werde und sie sich dann Hierarchien, Personen und Gegebenheiten unterordnen müsse.

Aufstellung der Triade: Bauch – beengt und wie eingeschnürt, als ob Fesseln um den Bauch gelegt wären. Herz – sofortiges Weinen und Regression in einen kindlichen Anteil. Kopf – Schwindel, Angst, Enge im Kopf. Es stand keines der drei Zentren als Ressource oder Stabilisierungspunkt zur Verfügung. Bei einem solchen Ergebnis ist es schwer möglich, überhaupt das Primärzentrum zu ermitteln, deshalb hielt ich es für das beste, mit der stärksten Störung zuerst zu arbeiten. An diesem Tag hieß das, sich mit dem kindlichen Anteil, dem Mädchen, zu beschäftigen und diesen Anteil so zu personalisieren, dass dieses Mädchen in ihr Auskunft darüber geben konnte, warum es ihr denn so schlecht ginge. Es sagte, dass es überhaupt nicht wüsste, wie es denn das Leben richtig machen könne, sodass es nicht anecken würde, alle Versuche von Anpassung waren nicht wirklich erfolgreich. Es stellte sich in mehreren Sitzungen heraus, dass die Klientin für harmlose Vergehen als Kind geschlagen und bestraft wurde. Darüber hinaus wurde sie auch noch innerhalb der Familie bloßgestellt und lächerlich gemacht. Aus diesen Erfahrungen resultierte eine Angststörung. So war es naheliegend, dass sie sich für eine 6 hielt.

Auf dem Bauch-Zentrum zu stehen, war aufgrund dieser Angststörung für die Klientin bedrohlich. Nur zaghaft konnte im weiteren Verlauf der Arbeit dieses Zentrum als Ressource wahrgenommen werden, die negativen Symptome beim Kopf-Zentrum blieben jedoch, denn durch Reduktion der eigenen Energie, sich zusammenreißen und alles über einen kognitiven Filter zu reflektieren, litt sie ebenfalls unter einer massiven Kopfüberlastung. Je stärker sich das Bauch-Zentrum aber entwickeln konnte, desto schwächer wurden die Symptome am Kopf-Zentrum. Die Erkenntnis, tatsächlich im Primärzentrum Bauch in der expansiven Ausprägung verankert zu sein, war für die Klientin einerseits eine Befreiung, auf der anderen Seite hatte sie jedoch auch Bedenken, da sie vorwiegend negative Erfahrungen mit ihrer Willensenergie gemacht hatte. Die sekundäre Abwehr der 8, Reduktion, war dadurch bei ihr leitend geworden und so war es für sie ein hartes Stück Arbeit, diese deformierte und reduzierte Bauchenergie wieder leben zu können. Denn durch das bemühte Zurückhalten dieser Energie brach sie sich auch immer wieder die Bahn. Ein solch unkontrolliertes Entladen nenne ich das »Staudamm-Phänomen«. Es ist oft verbunden mit der Erfahrung: »Egal was ich mache, ich bin zu viel.« Die Akzeptanz des energetischen Flussbettes verringert die Flutwellen und die Meereswoge kann sich sanft bewegen.

Zusammenfassung:

- Eine Angststörung ist keine Enneagramm-Struktur.
- Körperliche und psychische Gewalt beeinflussen die Enneagramm-Struktur fast immer negativ.
- Es kann bedrohlich wirken, wieder in sein natürliches energetisches Flussbett zu kommen.

Fallbeispiel 11: Verlassensein in der Kindheit – von der 4 zur 8

Diese Klientin hatte sich über mehrere Jahre in der Struktur 4 gesehen, bei genauerer Befragung konnte sie auch über alle Aspekte der 4 Auskunft geben. Sie hatte sehr unter dem Unerreichbaren und Unerfüllten gelitten. Weiter war sie in einem kreativen Beruf tätig und sah dies als weiteres Indiz dafür an, sich als 4 zu sehen. Sie berichtete aus ihrer Biografie, dass sie ein sehr instabiles Elternhaus erlebt hatte. Ihre Mutter war sehr mit sich selbst beschäftigt gewesen und starken emotionalen Schwankungen ausgesetzt. Diese Schwankungen übertrugen sich auch auf das Kind. Der Vater hielt meistens still und ging in den emotionalen Rückzug. Zwischen den Eltern gab es häufig Auseinandersetzungen. Die Klientin fühlte sich als Kind verlassen und nicht gesehen.

Aufstellung der Triade: Herz – sobald sie dort stand, wurde sie von Emotionen geflutet und begann heftig zu weinen. Dieses Gefühl war in ihrem Fokus und bestimmte hauptsächlich ihr inneres Erleben. Sie war jedoch ratlos, denn diese Ausbrüche waren nicht zu kontrollieren und zu steuern. Kopf – Überlastung herrschte, dies konnte sie anhand von leichtem Schwindel und einem Gefühl des Surrens im Kopf feststellen. Bauch – hier war es für sie erst unangenehm, sie berichtete, dass ihr Ex-

Mann eine 8 gewesen sei und sie in der Beziehung sehr gelitten habe. Es wurden ihr alle drei Ausprägungen von Bauch angeboten: 8 – 9 – 1 (siehe auch »Aufstellung der Triade« auf Seite 181 im Kapitel »Enneagramm-Struktur-Bestimmung ESB«). Auf der 1 fühlte sie sich sehr wohl, und sie hatte das Gefühl, dass sie dadurch an Stabilität gewinnen würde. 9 fühlte sich für sie fremd an und machte sie leicht ungehalten. Auf der Scheibe, die die 8 repräsentierte, erlebte sie eine kurze Panikattacke und sprang sofort wieder herunter. Der Zwischenstand ergab, dass es ihr in ihrem Leben immer um Autonomie gegangen war und das Schlimmste an ihren emotionalen Zuständen für sie war, sich schwach und abhängig zu fühlen.

Nach einiger Zeit, als sie auf der 1 stand, fing sie an zu berichten, dass es sich wie ein energetischer »Duschkopf« in ihr anfühlen und die Energie aus ihr heraussprudeln würde. Für 1 wäre das eine Turbo-Entwicklung gewesen und ein Zustand, der aufgrund der Rigidität im System eher selten vorkommt. Daraufhin stellte sie sich nochmals auf die 8. Das war sehr erschütternd für sie, denn sie hatte gerade diese Struktur als sehr problematisch für sich selbst im Umgang angesehen. Diese Erschütterung war so tief, dass hier ein sehr behutsames Vorgehen notwendig war, um die damit verbundenen Themen anzusprechen.

In der Nachbesprechung zeigte sich, dass sie alle Themen der 8 kannte, jedoch niemals verstehen konnte, warum andere Menschen sie in ihrer Wirkung immer als so vehement empfunden hatten (Wirkung der 8: starke Präsenz, Wucht und Dominanz). Sie beantwortete ihr Unverständnis damit, dass sie wohl überempfindliche Menschen einfach anziehe. In der Folge zog sie sich weiter zurück, um die Reaktion der Umwelt zu minimieren.

Allein der auf Körperresonanz orientierte Zugang zur expansiven Bauchenergie war für sie stabilisierend, ihr emotionaler Zustand festigte sich und das Weinen ließ signifikant nach. So war eine Grundlage geschaffen, sich biografischen und familiensystemischen Themen klarer zuwenden zu können.

Schaubild: Durch dieses Schaubild, welches wir innerhalb einer Sitzung anfertigten, wurde der Klientin deutlich, dass eine Vielzahl von Konflikten, vor allem die Probleme in ihrer Ehe, darauf zurückzuführen waren, dass sie sich ihrer Wirkung nur ganz bedingt bewusst war. Der Fokus ihres Erlebens und ihr Selbstbild wurden hauptsächlich aus dem traumatisierten Anteil, dem verlassenen Mädchen in ihr, gespeist. Dieses Phänomen führte meist zu starken Schwankungen in ihrem Verhalten. Sie erlebte sich als impulsiv und auch manchmal provozierend. Die Menschen in ihrer Umwelt reagierten darauf und der traumatisierte kindliche Anteil wurde dadurch weiterhin verletzt. Darauf reagierte der machtvolle Anteil in der Psyche mit Angriff und Vehemenz (Wirkung). Die Auswirkungen dessen trafen wieder den kindlichen Anteil und so entstand ein Teufelskreis von Angriff und Verletzung.

Abb. 40: Schaubild der Klientin

Zusammenfassung:

- Durch die fehlende eigene Version ist ein eigener Zugang zur Struktur erschwert.
- Das was im Fokus steht korreliert nicht mit der Enneagramm-Struktur.
- Die Identifikation mit einem verletzten Anteil verstellt die Wahrnehmung für die eigentliche Enneagramm-Struktur.

Fallbeispiel 12: Die Verkehrsunfälle – von der 5 zur 1

Die Klientin wurde mir vom Osteopathen geschickt. Sie litt immer wieder unter Schwindelanfällen. Es war bekannt, dass sie im Laufe ihres Lebens zwei Unfälle gehabt hatte, für die Schwindelattacken konnte jedoch keine körperliche Ursache mehr ausfindig gemacht werden. Sie selbst hatte sich schon mit dem Enneagramm beschäftigt und äußerte die Vermutung, eine 5 zu sein. Vor Überflutung hätte sie sehr Angst und Sicherheit wäre ihr enorm wichtig. Sie neige eher zum Rückzug und wolle sich erst einmal inhaltlich orientieren. Sie erzählte, dass sie den ersten Verkehrsunfall erlebt hatte, als sie 12 Jahre alt gewesen sei. Ihr Vater sei am Steuer gesessen und neben ihr seien die Mutter und die Tante im Auto gewesen. Man hätte sie alleine in die Kinderklinik gebracht. Niemand konnte ihr über Stunden sagen, was mit ihren Angehörigen passiert war.

Zusätzlich bekam sie genau in diesem Zustand ihre erste Menstruation und hielt dies zuerst für eine Verletzung. Sie war nach der ersten ärztlichen Überprüfung stundenlang alleine, und da sie keine ernsthaften Verletzungen hatte, schaute auch niemand nach ihr. Später stellte sich heraus, dass auch die Angehörigen nur leicht verletzt waren. So wurde dieses Ereignis familiär als »alles ist gut ausgegangen« bewertet. Die Stunden des Alleinseins, der Angst, was wohl den anderen passiert sei, und die Scham über die Menstruationsblutung wurden nicht thematisiert. Sie selbst litt nach diesem Unfall noch für mehrere Jahre unter Schwindel, Kopfschmerzen und Konzentrationsstörungen und zog sich von ihrer Umwelt zurück. Als sie ca. zehn Jahre später einen Auffahrunfall mit anschließendem kurzem Klinikaufenthalt erlebte, kamen ihr die Erinnerungen an die erste Erfahrung wieder hoch. Sie erlebte eine Retraumatisierung.

Aufstellung der Triade: In der Aufstellung der drei Zentren war die stärkste Störung am Kopf-Zentrum auszumachen. Sie bekam sofort Engegefühle und Atemnot, Schwindel setzte ein. Es war ihr nicht möglich, mehr als ein paar Sekunden auf dem Platz zu stehen, der für das Kopf-Zentrum stand. Traumata, die mit einer existentiellen Bedrohung einhergehen, sind überdurchschnittlich häufig am Kopf-Zentrum aufzufinden, denn dies ist das Zentrum für Sicherheit und Orientierung Daher wirkt dieses Zentrum so relevant und die Neigung besteht, dies auch für das Primärzentrum zu halten.

Bauch – es zeigten sich die typischen Reaktionen von 1, sie berichtete, wie sie eine dünne Platte in ihrem Zwerchfellbereich spüren könne. Der Bauch würde von unten dagegen drücken und diese Energie könne nur in einer Röhre nach oben steigen und würde im Halsbereich dann »ausflammen«. Besser und präziser hätte man das nicht beschreiben können. Diese signifikante Beschreibung von Bauch war schon sehr richtungsweisend. Herz – dort war es freundlich neutral. Kopf – hier war immer noch ein ganz leiser Hauch von Schwindel vorhanden.

Bei näherer Befragung kamen dann die ganzen Einser-Themen an die Oberfläche: Ein massiver Zorn auf die damalige schlechte Behandlung im Krankenhaus, auf den inadäquaten Umgang der Eltern mit dem Ereignis etc. Der Zugang zu dieser Bauchenergie war für sie ein sehr großer Energieschub. Sich nicht weiter auf den Kopf zu konzentrieren, eröffnete ihr »neue Welten«, wie sie es ausdrückte. Damit meinte sie, dass sie sich viel mehr spüren könne und ihr auch klar würde, dass sie es erfolgreich geschafft hatte, eben diesen Zorn zu vermeiden. Das aber hatte ihre Symptome noch zusätzlich verstärkt.

Zusammenfassung:

- Ein bedrohliches Ereignis, welches mit einem Energiezentrum assoziiert ist, repräsentiert noch keine Enneagramm-Struktur.
- Traumata die mit der Bedrohung der Existenz zu tun haben, lagern sich häufig am Kopf-Zentrum ab.
- Der Zugang zur eigenen Enneagramm-Struktur ist eine Ressource.

Fallbeispiel 13: Der Überlebens-Mechanismus – von der 2 zur 9

Die Klientin kannte das Enneagramm schon mehrere Jahre und sah sich in der Struktur 2, es waren viele Aspekte der Struktur 2 gegeben, im Sinne der Vier Säulen war das gut vorstellbar, jedoch war der Sockel der Primärenergie im jeweiligen Aggregatzustand nicht ausreichend mit einbezogen. Bei der Einbeziehung des Körpers zeigte sich jedoch auf Anhieb, dass das Zentrum Bauch eine viel höhere Relevanz hatte.

Aufstellung der Triade: Bauch – die Klientin kam in eine leichte Trance und ihr Körper bewegte sich ganz leicht vor und zurück. Dieses Phänomen gibt es öfter bei der Struktur 9, denn der gedämpfte Bauch schafft sich mit dieser fast unmerklichen Bewegung seinen Raum. Herz – dort zeigte sich eine deutliche Überlastung, der Fokus lag bei anderen und deren Bedürfnissen, dadurch fühlte sich das Herz überlastet und gleichzeitig selbst unterversorgt. Kopf – es war mühselig, überhaupt in den Kopf zu kommen, der schien recht weit oben zu sein.

Durchgang 2: Der gedämpfte Bauch dehnte sich in allen drei Zentren aus. Dieses Phänomen taucht häufig auf, wenn das Primärzentrum in den körperlichen Fokus kommt, nach dem Motto: »Jetzt erhalte ich endlich Beachtung und bleibe auch präsent.« Die Klientin erzählte dann, dass sie in ihrer Familie schon früh sehr viel Verantwortung übernommen hatte. Die Mutter litt unter Depressionen und konnte weder den Haushalt noch die Kinder adäquat versorgen. Sie bekam dazu noch emotionale Ausbrüche und machte die Kinder für den desolaten Zustand des Haushaltes verantwortlich. Die Klientin – als Älteste – versuchte, so gut wie es ging zu helfen und zu unterstützen. Oft wurde sie grundlos hart bestraft, sie verdoppelte dann ihre Anstrengungen, damit die Mutter zufriedengestellt war.

In ihrer Jugend versuchte sie, die Eltern sogar finanziell zu unterstützen und ihren Beruf so zu wählen, dass ihr dies auch möglich war. Den kindlichen Anteil in sich, welcher eigentlich völlig verzweifelt war und unter einer extremen Überforderung litt, setzte sie mit der Struktur 2 gleich. Aufgrund ihrer biografischen Erfahrungen zog sich das Thema Helfen und die damit verbundene Überforderung durch ihr ganzes Leben. Das Thema Autonomie kam in ihrer Kindheit überhaupt nicht vor und war sozusagen ausgeblendet. Ihr Bauch-Zentrum zu spüren und die Möglichkeiten, die sich ihr implizit boten, ohne dass sie wusste, worin diese bestehen würden, erzeugte bei ihr ein ruhiges, inneres Leuchten. Sie fühlte, spürte und verstand, dass das, was sie für irreversibel hielt, weil sie es strukturbedingt sah, tatsächlich einer Notsituation entsprungen war.

Zusammenfassung:

- Überlebensstrategien sind von Enneagramm-Strukturen zu unterscheiden.
- Eine Enneagramm-Struktur ist in einen biografischen Kontext zu setzen.
- Traumatische Erfahrungen sind von der Enneagramm-Struktur zu unterscheiden.

Teil VI
Enneagramm-Struktur-Bestimmung ESB

Bis heute ist die Überzeugung weit verbreitet, dass jemand seine eigene Enneagramm-Struktur selbst entdecken könne. Dies mag in vielen Fällen auch möglich sein, es gibt Menschen, die sogar innerhalb von Minuten ihre Enneagramm-Struktur sicher finden. Es gibt jedoch genauso viele Fälle, in denen das kaum oder schwer möglich ist. Wer sich näher mit systemischen Aspekten beschäftigt, macht die Erfahrung, dass es für die ESB notwendig sein kann, den Menschen mit seiner Lebensgeschichte und unter Umständen auch seines Familiensystems über mehrere Generationen zu erfassen. Der rein kognitive Zugang vermag dies nur begrenzt. Wenn Sie daran denken, dass in der Psyche manche Anteile das Sagen haben und andere eher in tieferen Schichten zu finden sind, dann kann die Frage gestellt werden, welcher Anteil im Menschen Auskunft gibt? Meist sind es Anteile der Psyche, die für das Funktionieren und Überleben zuständig sind, also sogenannte Überlebensstrukturen bilden. Es gibt in jedem Menschen jedoch auch Bereiche, die ihm selbst unbekannt, anderen jedoch bekannt sind, weil derjenige so auf andere »wirkt«. Das heißt, es wirkt etwas, man strahlt etwas aus, was man selbst kaum bemerkt oder ganz anders deutet als das Gegenüber. Man bezeichnet dies als den »blinden Fleck«. Andere Aspekte sind dem Menschen selbst und den anderen auch unbekannt, vielleicht sind sie nur sehr indirekt in ihrer Wirkung zu spüren.

»Da das Bewusstsein allen möglichen äußeren Anziehungen und Ablenkungen ausgesetzt ist, lässt es sich leicht dazu verleiten, Wege zu gehen, die seiner Individualität fremd und nicht gemäß sind.«[16]

Dieses Zitat von C. G. Jung spiegelt aus meiner Sicht sehr passend wider, dass auch die Enneagramm-Struktur äußeren Einflüssen – Ablenkungen, Anziehungen oder systemischen Einflüssen, die aus dem Familiensystem wirken – ausgesetzt und dementsprechend nicht immer gleich zugänglich ist. Die Einschätzung unserer Persönlichkeit speist sich ein Leben lang aus unterschiedlichsten Quellen

[16] C. G. Jung, *Traum und Traumdeutung*, dtv, München 2001, S. 30.

und schafft in Summe das eigene Selbstbild. Jeder kennt Situationen und Begebenheiten, in denen der Eindruck da ist, falsch verstanden worden zu sein. Die meisten kennen auch Situationen, in denen sie die Rückmeldung erhalten haben, dass z. B. ihr Ton nicht angemessen sei, oder wenn jemand losschreit: »Ich bin überhaupt nicht genervt!« Oft wissen wir wirklich nicht, welche Wirkung wir auf andere haben, und es ist geradezu natürlich, dass wir manchmal der Meinung sind, der andere habe ein Problem, aber nicht wir selbst. Die eigene Wirkung auf die Umwelt und Mitmenschen kann man häufig nur bedingt in den Fokus kommen, denn wir stecken in der eigenen Haut und können uns eben nicht von außen wahrnehmen.

Das Enneagramm bietet dabei eine gute Orientierung, gerade diese »blinden Flecken«, und damit auch die eigene Wirkung, besser in den Fokus zu bekommen. Selbstverständlich bleibt die Deutungshoheit beim Betroffenen selbst, denn nur dann, wenn diese Erkenntnis ihm selbst dient und ihn weiterbringt, ist die Enneagramm-Arbeit sinnvoll.

Stellen wir uns als Vergleich einen Arztbesuch vor. Es gibt Diagnosen, die können wir selbst stellen oder vermuten: Ein Schnitt in den Finger ist klar erkennbar und wird von uns selbst auch so wahrgenommen. Bei einem Beinbruch haben wir die Vermutung, das Bein könnte gebrochen sein. Sicher sind wir jedoch erst mit dem Röntgenbild in der Hand – der Bestätigung – dass es so ist. Bei Erkrankungen, die weniger sichtbar sind, wird es komplizierter: Kommen die Bauchbeschwerden von der Galle oder dem Magen? Hier müssen wir uns erst einmal auf den Arzt verlassen, der darin ausgebildet ist, diese Beschwerden in den folgerichtigen, medizinischen Sachverhalt zu setzen.

Viele von Ihnen werden bei unklaren Beschwerden, sei es bei Ihnen selbst, einem Familienangehörigen oder einem Haustier, schon einmal das Internet zurate gezogen haben. Das kann einen ersten Anhaltspunkt geben. Ich habe das einmal bei unserem Kater versucht. In meiner Recherche bin ich auf viele Informationen gestoßen, einige Ursachen konnte ich ausschließen, aber es gab noch genügend Ursachen, die als Möglichkeit übrig blieben. Dann war meine nächste Idee, in einem Forum und gegen Bezahlung einen Tierarzt zu fragen, der prompt und genau geantwortet hat und mir alle möglichen Ursachen nannte, sodass ich mir zwar viel vorstellen konnte, aber noch immer keine Gewissheit hatte. Was blieb, war der Gang zum Tierarzt! Der sah das Tier, untersuchte es und hatte auch eine Diagnose. Was ich damit sagen will: Der Veterinär ist dafür ausgebildet, aber er muss den Patienten sehen, anfassen und untersuchen, um eine sichere Diagnose zu stellen.

Gehen wir zum Enneagramm zurück. Hierbei geht es auch um die richtige Diagnose, denn mit einer falsch zugeordneten Enneagramm-Struktur lässt sich nicht viel anfangen, im schlimmsten Fall verstärkt es noch seelisches Leid. Somit ist ein Test, in dem man ja wieder über sein Selbstbild Auskunft gibt, lediglich bedingt geeignet, um die Struktur korrekt zu klären. Meine Expertise und Einschätzung deutlich und klar zu äußern, wenn jemand zu mir kommt und mir einen Auftrag erteilt, halte ich für wichtig. Ich halte es jedoch nicht für hilfreich, den Menschen die Einschätzung ihrer Enneagramm-Struktur selbst zu überlassen. Diejenigen, die in Erstkontakt mit dem Modell stehen, empfinden das als unterstützend, wenn ich ihnen meine Einschätzung mitteile und diese auch fundiert begründen kann. Es gibt natürlich auch viele Fälle, in der mit einer neuen Einschätzung sehr viel infrage gestellt wird. Es liegt mir nicht daran, Enneagramm-Strukturen zu diskutieren, wenn ein Klient bei seiner Einschätzung bleiben möchte, dann respektiere ich das. Generell gilt für mich, dass ich die volle Verantwortung für meine Einschätzung und die Mitteilung darüber übernehme, denn unter Umständen kann jemand dadurch auch destabilisiert werden.

Welche Schlussfolgerungen jemand aus der Erkenntnis über die eigene Enneagramm-Struktur zieht und welche Konsequenzen daraus für sein eigenes Leben folgen, sind eine persönliche Entscheidung des Klienten.

Aus dieser Perspektive gesehen, ist es sinnvoll, sich nicht zu schnell mit kognitiv geäußerten Sätzen zufriedenzugeben, sondern den ganzheitlichen Menschen in den Blick zu nehmen. Biografie, körperliche Beschwerden, Trauma, Sozialisation und innere Anteile spielen alle zusammen eine wesentliche Rolle in der Erfassung der Enneagramm-Struktur.

»Die Empfindung stellt fest, was tatsächlich vorhanden ist. Das Denken ermöglicht uns zu erkennen, was das Vorhandene bedeutet, das Gefühl, was es wert ist, und die Intuition schließlich weist auf die Möglichkeiten des Woher und Wohin, die im gegenwärtig Vorhandenen liegen.«[17]

Diese Überlegung von C. G. Jung schafft einen Ansatz für den ganzheitlichen Zugang zur Enneagramm-Struktur, damit der Mensch und sein individuelles Erle-

[17] C. G. Jung, *Typologie*, dtv, München 2001.

ben sowie seine persönlichen Erfahrungen im Mittelpunkt stehen. Hierzu noch einmal die Grundorientierung des Enneagramm-Modells:

- Das Bauch-Zentrum/Resonanzboden für die körperliche Erfahrung
- Das Herz-Zentrum/Emotion und Intuition
- Das Kopf-Zentrum/Sicherheit und Orientierung

Die ESB gliedert sich in zwei Teile:

1. Kognitiv-assoziative Flipchart-Analyse KAFA
2. Aufstellung des Triadischen Prinzips

Der kognitive Zugang ist durch Befragung und Interview möglich. Hier denkt eine Person nach, sie reflektiert und berichtet aus ihrem Werte- und Überzeugungssystem heraus. Über sich Auskunft zu geben, bedarf einer gewissen kognitiven Anstrengung. Wenn die Befragung auch Körperempfindungen und emotionale Reaktionen mit einschließt, dann erschließt sich mehr und mehr das, was unter der Oberfläche liegt. So ist der Rapport, also der prozessorientierte Austausch zwischen dem Interviewer und Interviewten, ganz wesentlich. Sie sollten sich immer vergegenwärtigen, dass allein Sprache und Überlegungen nur zu einem kleinen Teil den Zugang zur Psyche des Menschen ermöglichen.

Im sogenannten Eisberg-Modell gehen wir davon aus, dass psychische Inhalte zu ca. $^1/_7$ an der Oberfläche liegen, und damit zugänglich und klar erfassbar sind, jedoch $^6/_7$ unter dieser Oberfläche liegen. Diese *vorbewussten* und *unbewussten* Inhalte sind der viel größere Teil des Eisbergs. Wenn es im Interview gelingt »unter Wasser« zu kommen, dorthin, wo sich vorbewusste Inhalte zeigen, dann ist das die beste Quelle, um etwas über die Enneagramm-Struktur zu erfahren.

Früher habe ich meist mit dem Interviewteil in der ESB begonnen und ließ den Befragten erst später durch die Triade gehen. Inzwischen gehe ich meist in der umgekehrten Reihenfolge vor. Mir scheint, dass mit der an Körperresonanz orientierten Wahrnehmung einfacher unbewusste Kanäle geöffnet werden. Dass der Körper direkt mit uns kommuniziert, ist uns allen selbstverständlich, doch diese Kommunikation findet meist unwillkürlich statt. Wenn wir erschrecken, unser Herz »wie wild klopft« und wir »einen Satz nach hinten« machen, dann hat unser Körper die Regie übernommen. Auch bei Körpersymptomen wie Kopfschmerzen, Magenbeschwerden, Tinnitus usw. liegt oft ein psychisches Erleben zugrunde.

Den Körper ganz bewusst als »Resonanzkörper« zu aktivieren, ist vielen Menschen zunächst einmal unvertraut, interessanterweise dem Körper selbst aber nicht, denn der reagiert meist ganz spontan.

Begeben wir uns mit unserer Aufmerksamkeit jeweils in eines der Zentren, haben wir die Möglichkeit, uns dieses Resonanzerleben bewusst und zugänglich zu machen. Unser Körper wird miteinbezogen in die Enneagramm-Struktur-Bestimmung. In vielen Fällen ist das wesentlich erhellender und zielführender als die herkömmliche Befragung, denn oft ist nicht klar erkennbar »Wer da eigentlich spricht«. Ist das vom Vater gefärbt? Ist ausschließlich ein Überlebensanteil am Werke? Hat sich ein Glaubenskonstrukt aus dem Familiensystem über das Eigene gelegt?

Kognitiv-assoziative Flipchart-Analyse KAFA

Für die Interviewtechnik zur ESB sind ein paar grundlegende Überlegungen notwendig. Sie haben schon darüber gelesen, dass nicht alles, was vertraut und gewohnt ist, mit der Enneagramm-Struktur gleichzusetzen ist. Nicht alles, was dem Selbstbild entspricht, muss der Enneagramm-Struktur entsprechen. Gerade weil das Enneagramm ein Modell ist, welches auf drei Zentren basiert, sollte dies auch in der Interviewtechnik berücksichtigt werden.

KAFA-Grundlagen:
1. System 1 und System 2 (nach Daniel Kahneman)
2. Die binokulare Brille (nach Michael Bohne)
3. Focusing
4. Fokus und Wirkung/JoHari-Fenster
5. Eisbergmodell
6. Glaubenssatzmoleküle
7. Die Augen-Schließ-Intuition

1. System 1 und System 2 (nach Daniel Kahneman)

In einem Interview geht es um die Art des Denkens, denn das Gegenüber soll befragt werden, um mehr über seine Enneagramm-Struktur zu erfahren. Diese Person, die einem gegenübersitzt, hat ihre eigenen Anschauungen, Konzepte und Wertesysteme. Welche Fragen gestellt werden und was auf diese Fragen geantwortet wird, ermöglicht Schlussfolgerungen in unendlich vielen Kombinationen. Es gibt einige Ansätze, die sagen, ein Fragenkatalog zur jeweiligen Enneagramm-Struktur könne da weiterhelfen.

Dies habe ich anfangs in meiner Arbeit mit dem Enneagramm auch versucht. Wenn es mir mit einer Frage besonders gut gelungen war, die Enneagramm-Struktur zu entdecken, so wurde sie in meinen Katalog mit aufgenommen. Da ich einige meiner Interviews aufgenommen hatte, durfte ich später leidvoll erfahren, dass ich mit meinen Fragen »davongaloppiert« war und eigentlich nicht wirklich mehr Erkenntnisse gewonnen hatte. Daniel Kahneman hat ein sehr hilfreiches

Buch geschrieben, um zu verstehen, was sowohl beim Interviewer als auch beim Interviewten passiert. Der Autor beschreibt zwei Systeme des Denkens, der Einfachheit halber nennt er sie *System 1* und *System 2*:[18]

»System 1 arbeitet automatisch und schnell, weitgehend mühelos und ohne willentliche Steuerung. System 2 lenkt die Aufmerksamkeit auf die anstrengenden mentalen Aktivitäten, die auf sie angewiesen sind (...). Die Operationen von System 2 gehen oftmals mit dem subjektiven Erleben von Handlungsmacht, Entscheidungsfreiheit und Konzentration einher.« (S. 33) »Die hauptsächliche Funktion von System 1 besteht darin, ein Modell unserer persönlichen Welt, in dem das repräsentiert ist, was normal in unserer Welt ist, aufrechtzuerhalten und zu aktualisieren.« (S. 96) »Eine der Hauptfunktionen von System 2 besteht darin, von System 1 vorgeschlagene Gedanken und Handlungen zu überwachen und zu kontrollieren.« (S. 96)

In zahlreichen Versuchen hat Kahneman nachgewiesen, wie genau diese beiden Systeme funktionieren. Er beschreibt mit der WYSIATI-Regel sehr anschaulich: W*hat you see is all there is* – *Was man sieht/weiß, ist alles, was auch da ist.* Kahneman beschreibt: »(...) die Vorliebe, Aussagen zu glauben und eigene Erwartungen zu bestätigen.« (S. 106)

Sehr anschaulich dazu ist auch das berühmte »Gorilla-Experiment« von Simon und Chabris. Sie schreiben: »Es gibt Illusionen des Alltags, die entscheidenden Einfluss auf unser Leben ausüben, die Illusionen von Aufmerksamkeit, Gedächtnis, Selbstvertrauen, Wissen, Ursache und Wirkung. Diese verzerrten Ansichten über unseren Geist sind nicht nur irreführend, sondern auch gefährlich.« (S. 9)

Das Gorillaexperiment hat folgende Aufgabe: Die Versuchsperson schaut sich ein Basketballspiel an und soll jeden Ballkontakt der Mannschaft mit den weißen Trikots zählen. Die Mannschaft mit den schwarzen Trikots soll nicht beachtet werden. Während die Person diesem Spiel zuschaut, läuft ein Mensch in einem Gorillakostüm über das Spielfeld. Das Interessante dabei ist, dass fast 50 Prozent der Versuchspersonen den Gorilla nicht wahrgenommen haben. In späteren Versuchen mittels Eye-Tracker (Augenverfolger) konnte nachgewiesen werden, dass sowohl die Gorilla-Wahrnehmenden als auch die Gorilla-Überseher den Gorilla gleich lang – durchschnittlich eine Sekunde – angesehen haben.[19]

---

[18] Alle Zitate aus: Daniel Kahneman, *Schnelles Denken, langsames Denken*, Siedler Verlag, 2012.

[19] Daniel Memmert, *The effects of eye movements, age, and expertise on inattentional blindness*, in: *Consciousness and Cognition*, 15, 2006, S. 620–627.

Wenn wir das jetzt auf die Situation der ESB anwenden, so erlebe ich dort beides: Entweder jemand ist so fixiert auf den Gorilla, dass er nicht gemerkt hat, dass auch ein Basketballspiel lief oder er ist so fixiert auf das Spiel, dass der offensichtliche Gorilla übersehen wird.

»Was macht den Gorilla so unsichtbar? Diese Fehlwahrnehmung resultiert aus einem Mangel an Aufmerksamkeit gegenüber Unerwartetem.« Simon und Chabris schreiben weiter: »Dass einem Dinge entgehen ist zwar eine wichtige Erkenntnis, aber was uns noch mehr auffiel, war, wie überrascht die Menschen waren, wenn man ihnen zeigte, was sie nicht gesehen haben.« (S. 9)[20]

Und sie schildern weiter, dass die Versuchsteilnehmer einfach nicht glauben konnten und wollten, dass sie diesen Gorilla übersehen haben.

Wenn wir das auf die Befragung anwenden, dann bleiben beide Seiten, sowohl Interviewer als auch Interviewter sehr schnell bei den sogenannten *Schlüsselwörtern*, die bestimmten Enneagramm-Strukturen zugeordnet werden, hängen. Diese Schlüsselwörter verleiten dazu, sich vorschnell orientiert zu fühlen und dann alle weiteren Informationen dem zuzuordnen. Dies kann zu einem *Tunnelfokus* führen, wer dann auf den fahrenden Zug der Interpretation aufgesprungen ist, ist dann nur noch im System 1 unterwegs, welches mit den vorhandenen Informationen gut auskommt und weitere Plausibilitäten dafür schafft. Das System 2 wird das mit der entsprechenden Theorie weiter untermauern. Selbst wenn alle neun Strukturen abgefragt werden, um herauszufinden, welche denn die relevanteste sein könnte, werden vorgegebene Schlüsselaspekte bemüht.

Diese Überlegungen und Betrachtungsweisen sind immer wieder hilfreich, denn davon kann sich niemand freimachen. Obwohl ich das Enneagramm jetzt seit über 20 Jahren kenne und mich als Expertin auf diesem Gebiet sehe, entdecke ich immer wieder, an welchen Stellen ich doch in Klischees über einzelne Strukturen feststecke. Ich muss mir immer wieder klar machen, dass die eigene Statistik darüber, was welcher Enneagramm-Struktur zuzuordnen ist, sehr stark aus dem System 1 gespeist ist und mit einer Statistik eben sehr wenig zu tun hat.

Deshalb könnte die WYSIATI-Regel auf das Enneagramm-Interview so umformuliert werden:

---

[20] Alle Zitate entnommen aus: Christopher Chabris und Daniel Simons, *Der unsichtbare Gorilla. Wie unser Gehirn sich täuschen lässt*, Piper, 2011.

WYAIWYG-Regel:
What you ask is what you get. – Was du fragst, wirst du bekommen.

2. Die binokulare Brille (nach Michael Bohne)

Wir haben es mit zwei Systemen des Denkens zu tun, und wir leiden alle unter der Unaufmerksamkeits-Blindheit. Eine weitere unterstützende Betrachtung bietet Michael Bohne mit PEP – Prozess- und Embodimentfokussierter Psychologie – an. Er beschreibt die binokulare (ehemals bifokale) Brille und bezieht sich darauf, dass seine Wahrnehmungsbrille pro Brillenglas einen anderen Fokus hat und der jeweilige Fokus auch einer anderen Region im Gehirn zugeordnet werden kann.

Michael Bohne schreibt: »(...) dass ich konsequent die binokulare diagnostische Brille nutze, um mich zu orientieren, auf welcher neuronalen Ebene das Problem steckt (limbisches System versus Frontalhirn).«[21]

Für die KAFA bedeutet dies, dass immer bewusst gemacht werden sollte, welcher neuronale Bereich im Interview gerade stärker aktiviert ist. Die Enneagramm-Struktur ist in beiden Regionen repräsentiert, jedoch hat es einen Einfluss auf das Interview, welche der Regionen aktiviert ist. Dies hat Auswirkungen auf die praktische Durchführung des Interviews. Wenn es eher um Glaubenssatzmoleküle geht, dann sind Fragetechniken geeigneter. Wenn es um das limbische System geht, dann können an der Körperresonanz orientierte Techniken wie Focusing etc. hilfreich sein.

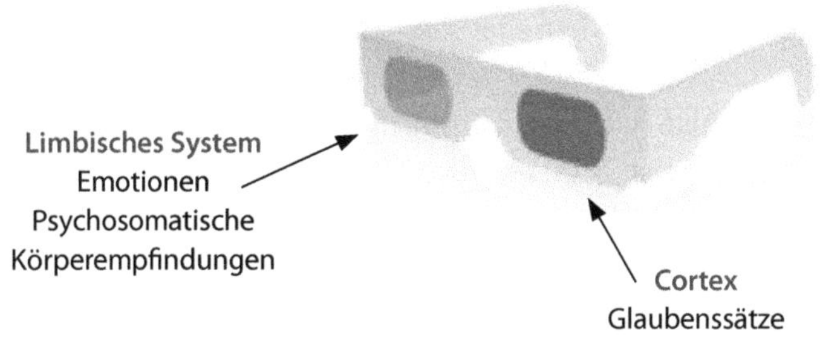

Abb. 41: Binokulare Brille

---

[21] Michael Bohne, *Klopfen mit PEP*, Carl-Auer-Systeme Verlag, 2010, S. 34.

3. Focusing

Focusing wurde von Eugene Gendlin in den 1960er Jahren entwickelt, sein erstes Buch darüber ist 1978 erschienen. Focusing basiert darauf, die im Körper entstehenden Reaktionen und Empfindungen miteinzubeziehen. Wir neigen meist dazu, unsere kognitive Leistung zu überschätzen, und hoffen und meinen, dass die relevanten Antworten im Kopf entstehen. Im Focusing wird immer wieder verlangsamt und mit innerer Achtsamkeit auf Körperreaktionen geachtet. Gendlin schreibt hierzu auf die Frage »Was ist Focusing?«:

»Meine einfachste und kürzeste Antwort lautet: Focusing nenne ich die Zeit, in der man mit etwas ist, das man körperlich spürt, ohne schon zu wissen was es ist. (…), dass der Körper unsere Situationen und unser Leben lebt.«[22]

Wenn wir davon ausgehen, dass die Enneagramm-Struktur angeboren ist, dann ist sie in unserem ganzen Körper repräsentiert. Somit ist es nur folgerichtig, für die ESB auch den Körper mit einzubeziehen. Oft gibt der Körper recht präzise Auskunft und der »Besitzer« des Körpers ist darüber manchmal regelrecht erschrocken, denn er erlebt ein autonomes Verhalten des Körpers.

4. Fokus und Wirkung

Im Fokus ist das, wie der Mensch sich selbst sieht, was er meint, das ihn »ausmacht«, nennen wir also den Fokus das Selbstbild. So wie man von anderen gesehen wird, was deren Einschätzung ist, bezeichnet man als Fremdbild. Es gibt viele Möglichkeiten, was in den persönlichen Fokus gestellt werden kann.

Das, was vertraut und bekannt ist, befindet sich im Fokus.

Je höher die Kongruenz – also Übereinstimmung von Selbstbild und Fremdbild – desto sicherer ist ein Mensch in seiner Selbsteinschätzung und in seiner Außenwirkung. Wenn Selbst- und Fremdbild sehr stark voneinander abweichen, dann wirkt sich das meist konflikthaft aus, denn der Mensch muss gegebenenfalls Erklärungen dafür schaffen – vor allem für sich selbst – warum ihn andere vorgeblich falsch wahrnehmen oder falsch interpretieren. Er kann entweder an sich

[22] Eugen T. Gendlin und Johannes Wiltschko, *Focusing in der Praxis*, Klett-Cotta Verlag, 1999, S. 13–14.

selbst zweifeln oder an den anderen. Beides ist für zwischenmenschliche Beziehungen belastend.

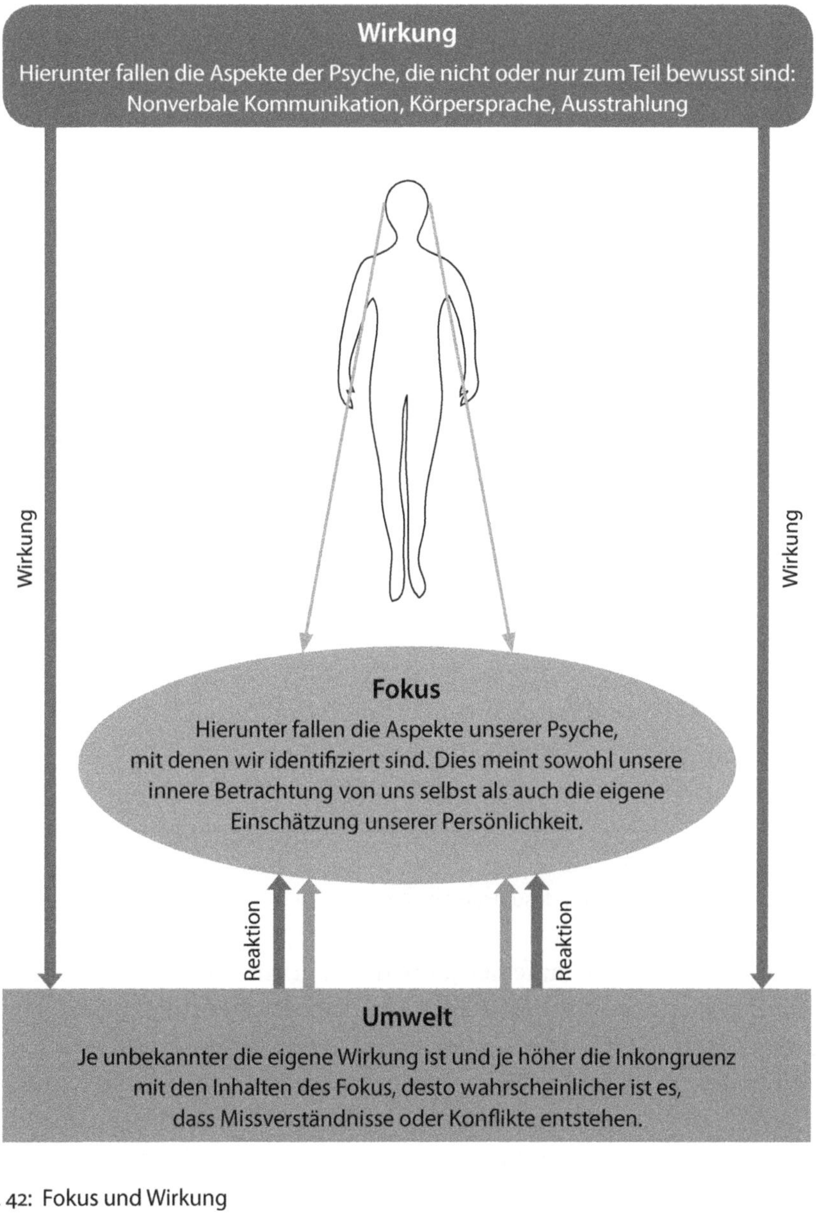

Abb. 42: Fokus und Wirkung

Das JoHari-Fenster

Ein weiterer Begriff, der dieses Phänomen aufgreift, ist der *blinde Fleck*. Dieser bezeichnet den Teil der Persönlichkeit, der anderen bekannt, einem selbst jedoch unbekannt ist. Im Modell des JoHari-Fensters (nach *Jo*sef Luft und *Ha*rry Ingham) gibt es vier Bereiche:

1. Die öffentliche Person – einem selbst und anderen bekannt
2. Die private Person – einem selbst, aber anderen nicht bekannt
3. Der blinde Fleck – einem selbst unbekannt, anderen bekannt
4. Das Unbekannte – einem selbst und anderen unbekannt/unbekannte Ressourcen/abgespaltene negative Erfahrungen/Traumata

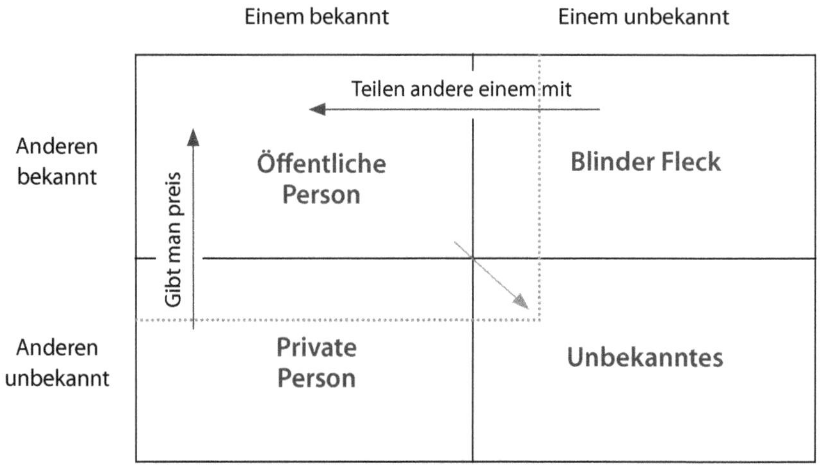

Abb. 43: Grafische Darstellung des JoHari-Fensters

Der blinde Fleck kann im Laufe der Jahre daran erkannt werden, dass gewisse Reaktionen, Bemerkungen und Ansichten von anderen Personen über einen selbst immer wiederkehren. Nehmen wir uns diese Anmerkungen zu Herzen, können wir den blinden Fleck finden und erfahren, dass wir in gewissen Bereichen anscheinend eine Wirkung haben, die sich uns selbst bisher entzogen hat. Genauso kann es uns mit der Enneagramm-Struktur ergehen. Da diese in uns fest verankert ist, hat dies natürlich auch eine Auswirkung auf das eigene Sende- und Empfangszentrum im Körper. Wenn wir jetzt unseren Fokus z. B. auf leidvolle Aspekte unserer Psyche richten oder auf das narzisstische Selbstbild – und dies entspricht unter Umständen nicht der Enneagramm-Struktur – so entsteht eine Inkongruenz oder Teilkongruenz im Austausch mit anderen.

Fokus und Wirkung sind somit zwei Begriffe, um deutlich zu machen, wie schwer es sein kann, die eigene Wirkung zu erfassen. Wenn wir jedoch die eigene Enneagramm-Struktur erfasst haben, so erfahren wir sehr viel über die eigene Wirkung und lernen, Reaktionen von außen klar einzuordnen, denn die energetische Abstrahlung der neun Strukturen ist für die Menschen, die uns begegnen von außen erlebbar.

Wenn das energetische Flussbett der Enneagramm-Struktur nicht mehr deutlich wahrnehmbar ist, dann wirkt es »irgendwo« im Menschen und ist somit nicht klar repräsentiert in der Psyche. Die Botschaften, die dadurch gesendet werden, sind dann für das Gegenüber oft verwirrend. *Ambiguität* nennt man diesen Zustand der *Mehrdeutigkeit* (lat. ambo: beide, ambiguus: uneindeutig, mehrdeutig doppeldeutig). Genauso uneindeutig können dann die Reaktionen sein, die bei anderen dadurch ausgelöst werden.

Zusammenfassung:

- Je höher die Kongruenz von Selbst- und Fremdbild ist, desto mehr Übereinstimmung gibt es zwischen Selbsteinschätzung und Außenwirkung.
- Wenn das energetische Flussbett der Enneagramm-Struktur weder klar im Fokus noch in der Wirkung ist, entsteht Ambiguität.

Ziel der persönlichen Entwicklung:
Das gestrichelte rote Rechteck im JoHari-Fenster zu erweitern. Die Kenntnis der eigenen Enneagramm-Struktur unterstützt diesen Prozess. Wir können Eigenes von Fremdem besser unterscheiden und wir können den »blinden Fleck« besser in den Fokus nehmen.

5. Eisberg-Modell

Das Eisbergmodell verdeutlicht, dass nur ein Teil der Psyche an der Oberfläche erfassbar ist, der größte Teil jedoch liegt unter der Wasserlinie und ist von außen nicht zu erkennen. Auf die Enneagramm-Struktur angewendet heißt das, wenn der Teil des Eisbergs oberhalb der Wasserlinie strukturell gefärbt ist, dann ist es einfacher, im Interview diese Struktur auch zu erfassen.

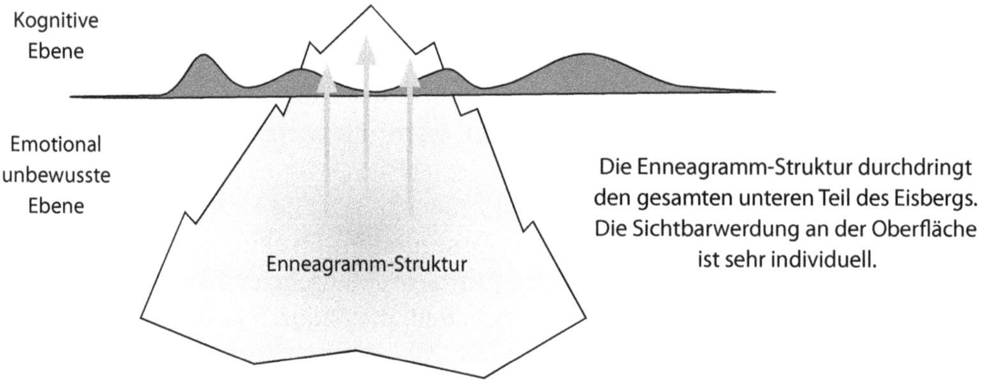

Abb. 44: Eisberg-Modell

Ziel der KAFA ist, nicht im oberen Bereich des Eisbergs stecken zu bleiben, sonst erhält man zu wenige Informationen über die Schichten unter der Wasserlinie. Es gilt also, in tiefere Schichten vorzudringen, in der das, was der Befragte erzählt, assoziativ wird, denn dann ist es möglich, dass Aussagen gemacht werden, die fast oder ganz automatisch kommen. Der Betreffende wundert sich dann häufig selbst darüber, »wer da in ihm spricht«. Dieser mehr aus dem Unbewussten kommunizierende Anteil öffnet dann die Räume in die entsprechende Enneagramm-Struktur.

Inhalte werden so zu Türen in vorbewusste und unbewusste Inhalte.

6. Glaubenssatzmoleküle

Überall da, wo wir nicht wissen – und oft auch dort, wo wir meinen zu wissen – ersetzt der Glaube das Wissen. *Glaubenssätze* können sich auf vieles beziehen. Im Rahmen der KAFA geht es darum, der *Bedeutungsspur* zu folgen. Indem wir ihr folgen, können wir sogenannte Glaubenssatzmoleküle auffinden.

Vor einigen Jahren entdeckte ich durch die Arbeit mit Glaubenssätzen innerhalb eines Enneagramm-Seminares, dass diese Glaubenssatzmoleküle weitgehend übereinstimmen mit den Komponenten des Vier-Säulen-Modells. Daraus zog ich folgende Schlüsse:

- Durch das Enneagramm können fremde von eigenen Glaubenssatzmolekülen unterschieden werden.
- Die Glaubenssatzmoleküle der eigenen Enneagramm-Struktur können nicht aufgelöst werden. Sie können jedoch reframed, also in einen neuen Bezugsrahmen gesetzt werden.
- Es gibt positive und negative Glaubenssatzmoleküle.
- Die eigenen Glaubenssatzmoleküle liefern nützliche Hinweise zur Enneagramm-Struktur. Sie sind meist eng verknüpft mit Grundbedürfnis und Grundangst.

7. Augen-Schließ-Intuition

Kahneman schreibt zum Thema Intuitionen und Formeln: »Immer wenn wir menschliche Urteile durch eine Formel ersetzen können, sollten wir dies zumindest in Betracht ziehen.« (S. 288) Er kam zu dieser Schlussfolgerung, als er für die israelische Armee ein neues Verfahren zur Beurteilung von Rekruten und deren passenden Einsatzmöglichkeiten entwickelte. Das bisherige Verfahren beruhte auf der Erstellung eines Persönlichkeitsprofils. Kahneman orientierte sich an Paul Meehl, der ein Buch darüber geschrieben hatte, dass statistische Regeln intuitiven Einschätzungen gegenüber überlegen seien. Das neu entwickelte Verfahren basierte auf einer Abfrage von Sachfragen, kombiniert mit einer Punktevergabe. Die gesamte Punktzahl wurde dann mit einer Formel berechnet. Bei den Interviewern kam dieses neue Verfahren nicht gut an, sie fühlten sich zu reinen »Abfragern« degradiert. Kahneman bot ihnen zusätzlich an, am Ende der Befragung die Augen zu schließen und sich dann vorzustellen, wie fähig sie den eben interviewten Rekruten als Soldat sehen würden und dies dann auf einer Skala von 0–5 einzuschätzen. Zu großen Überraschung aller lieferte die Schließ-die-Augen-Übung eine ziemlich gute Vorhersage.

Für mich heißt das auf die KAFA angewendet, dass wir im Interview so diszipliniert wie möglich vorgehen und ganz zum Schluss die Augen-Schließ-Intuition durchführen sollten. Statt die Augen zu schließen, können wir auch einfach tief durchatmen und uns für einen kurzen Moment nach innen richten, also die gewonnenen Erkenntnisse auf uns wirken lassen und uns bewusst machen, dass wir im Sinne des Eisbergmodells viel mehr Informationen erhalten haben, als uns kognitiv zugänglich ist. Mit der Augen-Schließ-Intuition können diese Erfahrungen und Informationen in ihrer Summe wirken und dadurch zusätzlich wertvolle Hinweise liefern.

Das Interview – Die praktische Durchführung

Mit welchem Thema das Interview zur ESB begonnen wird, spielt keine große Rolle. Wenn ein möglichst unkomplizierter Einstieg erreicht wird, dann ist das eher hilfreich. Die Frage könnte lauten: »Warum interessieren Sie sich für Ihre Enneagramm-Struktur?« Sie können aber genauso gut fragen, in welchen Situationen sich der Klient aufregt, worauf er stolz ist etc. Generell gilt, wenn die Frage, die gestellt wird, nicht passt, dann ist es besser, nicht darauf zu bestehen, denn sonst kann es passieren, dass System 2 zu sehr aktiviert wird, und das Nachdenken beginnt.

Was bedeutet nun konkret, dass die Frage nicht passt? Der Interviewte kann z. B. mit der Frage gerade nichts anfangen. Sie können das daran merken, dass er sich vielleicht Mühe gibt, Sie spüren, dass er sich im Denken anstrengt. Das ist genau der Zustand, der im Interview nicht hilfreich ist. Sie müssen sich vergegenwärtigen, dass der Coach selbst zum Ziel hat, möglichst viele Hinweise auf die Struktur zu bekommen, um diese Struktur möglichst sicher zu bestimmen, denn er möchte dem Klient ein Ergebnis präsentieren, was dieser möglichst auch noch nachvollziehen kann. Er ist sozusagen übermotiviert. Unterstützender ist es deshalb, Interesse zu bekunden und nachzufragen. Fragen Sie so lange nach, bis Sie sicher sind, dass Sie verstanden haben, was Ihr Gegenüber ganz genau meint. Wichtig ist es, einen Satz zu erfassen, der für den Interviewten stimmig und kongruent ist.

Im Überblick:
1. Zuhören
2. Bestätigen
3. Wiederholen
4. Nachfragen
5. Zeigen Sie, dass Sie genau verstanden haben: »Habe ich richtig verstanden, dass …?« oder »Bedeutet das …?« oder »Können Sie dem noch etwas hinzufügen …?« oder »Meinen Sie damit …?«
6. Sie können auch wortgetreu wiederholen, achten Sie dabei auch auf Tonfall und Satzzeichen.

W-Fragen, wenn Sie aus *wirklichem Interesse* kommen, sind hilfreich.
- Wieso/Weshalb/Warum
- Woran/Wozu/Weswegen
- Wann/Wo/Wie/Was

Nehmen wir z. B. das beliebte *Helfen*. Da die Struktur 2 auch »Der Helfer« genannt wird, ist es eine weitverbreitete Überzeugung, dass Helfen eine Eigenschaft wäre, die zur Struktur 2 gehört. Wenn dann auch noch der Satz »Ich helfe anderen Menschen bis zu meiner Selbstaufgabe« fällt, dann geht die Zuordnung unter Umständen ganz schnell Richtung Struktur 2. Hier sind die *W-Fragen* sehr unterstützend. Denn relevant ist, wie, wann und wozu denn jemand hilft. Sehr oft ist es schon bei der ersten W-Frage klar, dass es überhaupt nicht im Kontext des Grundthemas Beziehung steht:
- Möglichkeit A: »Ich helfe, damit die Menschen lernen, sich selbst zu helfen.«
- Möglichkeit B: »Ich helfe, weil es irgendwie leichter ist als Nein zu sagen.«
- Möglichkeit C: »Ich helfe, weil ich es nicht ertrage, wenn Menschen bedürftig sind und ich sehe doch, dass sie mich brauchen.«

- "… weil ich denke, ohne mich geht es schief"
- "… weil ich mich dann als kompetent und wichtig sehen kann."
- …

Daneben existieren noch unbegrenzt viele weitere Antwortmöglichkeiten.
Gehen Sie mit den W-Fragen weiter:

- Bei A: »Warum es wichtig ist, dass jemand sich selber hilft?«
- Bei B: »Was hat es denn mit dem ›leichter‹ auf sich?«
- Bei C: »Woran merken Sie, dass der andere bedürftig ist?«

Setzen Sie W-Fragen jedoch wohldosiert ein, denn Sie kennen den Effekt bei kleinen Kindern, die immer weiter nach dem Warum fragen und irgendwann antwortet die Mutter: »Darum!«

Focusing
Im Focusing ist mit dem begreifenden Empfinden (felt sense) gemeint, dass das, was das Gegenüber sagt, genauer und präziser und für den ganzen Menschen erlebbar wird. Dazu ist es wichtig, dass der Interviewer selbst in allen drei Zentren präsent ist: Sind die Aussagen mehr an der Körperresonanz orientiert (»Wenn ich diesen Satz sage, bekomme ich einen Kloß im Magen.«) oder entsteht ein Bild (»Die Klarheit in mir ist wie ein Himmel ohne Wolken.«)? Werden Symbole verwendet (»Im Kontakt mit anderen bin ich wie eine Mimose.«), wird auf Gefühle hingewiesen (»Da werde ich ganz heiter und fröhlich, wenn ich mich in diese Situation hineinversetze.«) oder liegt ein Schwerpunkt auf der Sprache (»Ich habe manchmal Wortfindungsstörungen, weil es mir so wichtig ist, genau den passenden Ausdruck zu finden.«)? Wenn diese herausgeschälte Ebene vom Interviewer aufgegriffen wird und er den gleichen Kanal weiter nutzt, kann sich das Interview weiter vertiefen.

Kanäle/Ebenen:

- Körper: Wie erlebe ich den Körper des Gegenübers, gibt es körperliche Reaktionen, Gestik, Mimik, Körperhaltung?
- Energie: Hat mein Gegenüber viel/wenig Energie? Leuchten die Augen bei bestimmten Fragen auf? Sackt jemand zusammen? Entspannt sich jemand? Wirkt jemand angespannt?
- Bild/Symbolebene: Werden viele Metaphern benutzt? Entstehen in einem selbst viele Bilder zum Gesagten?

- Gefühl: Sind Gefühle spür- und wahrnehmbar? Tauchen emotionale Begriffe auf, mit denen das Gegenüber auch assoziiert/verbunden ist?
- Sprache: Wie wirkt die Sprache? Ist sie schnell, langsam, viele Pausen, viel Text, stockend?

Hinsichtlich der Sprache gibt es folgende unterstützende Hinweise:
Wenn etwas Wesentliches auftaucht, verlangsamen Sie und lassen den Klienten das Gesagte in sich nachspüren. Wesentliche Sätze schreiben Sie ans Flipchart und lassen sie als Spiegelung auf ihn wirken, an dieser Stelle sollten Sie etwas verweilen. Unterstützen Sie den Klienten durch Wiederholen dessen, was in seinen Aussagen das Wesentliche war. Wenn Unbehagen in seinem Körper entsteht, dann wird der Klient darin begleitet, bei dieser Empfindung zu verweilen. Hier ist es hilfreich, selbst in die gleiche Empfindung zu gehen. Achten Sie darauf, dass Sie zwar *in das Gleiche »gehen«, aber nicht das Gleiche »werden«*. Wenn Sie nicht mitfühlen, sondern zu sehr auf Distanz bleiben oder selbst nur auf einer kognitiven Ebene bleiben, dann kann es sein, dass Ihre Enneagramm-Struktur stärker wirkt als die des Interviewten.

Beispiel 1: Eine Person, die selbst die Struktur 9 hat, interviewt einen Klienten. Sie hat die Tendenz, immer weiter zu verlangsamen und meint, dadurch würde beim anderen Raum entstehen, in dem er sich wahrnehmen könne. Die Folge ist meist, dass der Klient eher orientierungslos wird oder genervt ist, weil das ganze Interview einen für ihn zähen Charakter bekommt.

Beispiel 2: Eine Person mit der Struktur 7 interviewt. Sie stellt mehrere Fragen und erhält keine Antworten, mit denen sie etwas anfangen kann. Darauf erhöht sie ihren Takt und wird unwillkürlich schneller, denn sie verliert die Orientierung und kann das Vorhandene nicht auswerten. Das Tempo wird weiter erhöht, und es kann passieren, dass der Klient davon überrollt wird.

Führen – Folgen – Weiterführen

Als Interviewer übernehmen Sie die Führung, weil Sie das Interview gestalten. Was das Tempo betrifft, so gibt es häufig Wechsel in der Geschwindigkeit. Wenn der Interviewte stockt, z. B. nach der Frage, warum ihm etwas wichtig ist, ist es hilfreich, an der Stelle tatsächlich auch zu verweilen. Wurde jedoch ein »Nerv getroffen«, dann kommen die Sätze mit hoher Selbstverständlichkeit flüssig. Sie folgen dann den Impulsen des Gegenübers. Die Flipchart-Technik hat den Vorteil, dass der Interviewpartner immer wieder zentrale Aussagen sowohl reflektieren, als auch die Wirkung dieser Aussagen im Körper nachspüren kann. Ich verwende hier oft die Formulierung: »Wenn Sie diesen Satz ganz in sich aufnehmen, welche Empfindung haben Sie dabei?« oder »Wenn Sie diesen Satz inhalieren/herunterschlucken, wo im Körper können Sie das am stärksten spüren?«

Wenn Körperreaktionen kommen, dann lohnt es sich fast immer, genauer nachzufragen und die Wahrnehmung im Körper zu belassen. Das genaue Nachfragen sollte wohldosiert sein, damit das System 2 nicht zu sehr aktiviert wird.

Eine solche KAFA kann zeitlich zwischen 20 Minuten und zwei Stunden dauern. Das hängt sehr davon ab, welches psychische Material dadurch aktiviert wird oder welche inneren Anteile zum Vorschein kommen. Gar nicht so selten werden dadurch z. B. innere psychische Konflikte deutlich. Wenn es um einen inneren psychischen Konflikt geht, dann sind meist mindestens zwei Anteile daran beteiligt und in der KAFA aktiv:

1. Zwei Anteile wechseln sich ständig ab
   Hier sollten Sie das Flipchart-Blatt längs teilen und mit zwei Stiften in verschiedenen Farben arbeiten.
2. Anteile tauchen nacheinander auf
   Auch hier verwenden Sie Stifte in unterschiedlichen Farben und fragen sich, welcher Anteil berichtet gerade?

Nutzen Sie die Meta-Ebene des Vier-Säulen-Modells:

- Lebensthema
- Grundbedürfnis
- Grundangst
- Abwehr

Diese Säulen fußen auf dem jeweiligen Primärzentrum Bauch – Herz – Kopf im entsprechenden Aggregatzustand Angriff – Flucht – Erstarrung.

Aufstellung der Triade

Zur Arbeit mit der Triade haben wir bereits erfahren, dass sie als diagnostisches Instrument oder zur Ressourcenstärkung dient. Wenn wir davon ausgehen, dass die Enneagramm-Struktur embodimental, also im Körper repräsentiert ist, dann ist es nur folgerichtig, auch den Körper in die ESB mit einzubeziehen.

Ein Thema von einer Struktur unterscheiden

Dies gehört sicher zu den anspruchsvollsten Aufgaben in der Bestimmung der Enneagramm-Struktur und fordert einen immer wieder heraus. Häufig ist auf Anhieb nicht zu erkennen, was ein Thema und was die Enneagramm-Struktur ist. Sich diese Frage jedoch zu stellen und damit »schwanger zu gehen«, erhöht zwar die eigene Unsicherheit, gleichzeitig senkt es aber auch das Risiko, ein Thema mit einer Struktur gleichzusetzen. Natürlich ist es möglich, dass sich beide überschneiden oder deckungsgleich sind, aber das ist nicht zwangsläufig so. All die Aspekte, die Sie bisher gelesen haben, können eine erhebliche Rolle bei der ESB spielen, es braucht deshalb eine gewisse Erfahrung sowohl in der Begleitung von Aufstellungen als auch in der Aktivierung der neun Enneagramm-Strukturen, um mit dieser Methode wirksam zu arbeiten. Es ist jedoch genauso wie in der Medizin, selbst die beste Anleitung ersetzt nicht die Erfahrung und die Ausbildung in der Diagnostik. Ich empfehle, die nachfolgende Methode nur dann zur ESB anzuwenden, wenn Sie schon ausreichend Erfahrung in Aufstellungsmethoden erworben haben und die Möglichkeit zur qualifizierten Supervision besteht.

Die Aufstellung

Bestandsaufnahme – Horizontale Begehung
Es werden drei möglichst neutrale Scheiben gewählt, Start ist das Bauch-Zentrum. Es folgt eine reine Bestandsaufnahme darüber, wie zugänglich die drei Zentren sind und wie die persönliche Befindlichkeit des Klienten in diesen Zentren ist. Zunächst erfolgt das »Begehen« der drei Zentren, damit die Unterschiedlichkeit der einzelnen Zentren wahrgenommen werden kann.

Ausschluss eines der Zentren

Jetzt beginnt das Herantasten, welches der drei Zentren als Primärzentrum in Frage kommt. Recht häufig kann eines der Zentren ausgeschlossen werden. Sie erkennen es daran, dass das jeweilige Zentrum sich »neutral – aber ohne große Relevanz« zeigt. Damit meine ich, dass keine Symptome auf der Position auftauchen und dass es weder eine Weg-von-Bewegung noch besonders positive Reaktionen gibt, das Zentrum sozusagen keine »Ausschläge« beim Klienten hat. Wenn Sie ein Zentrum ausschließen, dann sind damit schon ein Drittel der Strukturen ausgeschlossen.

Dem Körper die Regie überlassen – Unterschiedlichkeiten

Wenn der Klient sich in einem der drei Zentren wohlfühlt, muss das kein Indiz dafür sein, dass dies seinem Primärzentrum entspricht. In jedem der Zentren geht es lediglich darum, nach Körperwahrnehmungen zu fragen. Sie als Begleiter stehen mit etwas Abstand daneben (nicht vor der Person!) und unterstützen die Person darin, Unterschiedlichkeiten wahrzunehmen. Die Reduzierung von Inhalten erhöht die Wahrnehmungsfähigkeit. Es soll also nicht etwas erklärt, sondern darauf vertraut werden, dass alle neun Strukturen im Körper erlebbar sind und dass der Körper sein natürliches energetisches Flussbett automatisch wahrnehmen kann. Wenn Personen schon sehr erfahren in der Körperarbeit sind, dann kann es ratsam sein, sie etwas zu bremsen, da sie vielleicht eine »Vorstellung« davon haben, wie es sich »richtig« anfühlen soll, z. B. tiefe Bauchatmung, lockere Knie etc. Darum geht es aber in der ESB nicht. Der Klient soll keinen guten Status herstellen, sondern dem Körper die Regie überlassen.

Leitfragen zur Erinnerung:

- In welchem der Zentren kann jemand wachsen?
- Wo wird jemand »mehr« von sich selbst?
- Was ist identitätsverstärkend?

Induktion der Enneagramm-Strukturen

Wenn es zu diesem Zeitpunkt schon Tendenzen gibt, welches Zentrum eventuell als Primärzentrum infrage kommt, dann können Sie drei weitere Scheiben für die drei Enneagramm-Strukturen dieses Zentrums legen. Dafür ist es sinnvoll, kleinere Scheiben in der gleichen Farbe zu nehmen. Jetzt gilt es, besonders sorgfältig zu sein und als Begleiter *in sich* die jeweilige Enneagramm-Struktur energetisch herzustellen, die Sie dem Begleiteten anbieten. Schicken Sie vorweg, dass Sie jetzt z. B. »expansiven Bauch« in sich aktivieren werden, damit die Person darüber informiert ist, was gerade passiert. Für diesen Teil stehen Sie dem Klienten frontal gegenüber. Beim Bauch- und Kopf-Zentrum halten Sie mehr Abstand als beim Herz-Zentrum.

Ziel der Struktur-Induktionsarbeit ist es, zu prüfen, ob im Gegenüber etwas Bekanntes aktiviert wird. Das kann sich z. B. darin äußern, dass jemand ausruft: »Genauso wie mein Vater!« Denken Sie daran, dass Sie jede Enneagramm-Struktur für eine gewisse Zeit in sich aktivieren können. Wenn Sie das Gefühl haben, Ihr Gegenüber *kann* nicht nur diese Struktur, sondern er *ist* diese Struktur, dann stellt sich eine vertiefende Gewissheit ein.

Meist sind bei der Aktivierung der Strukturen pro Zentrum ein bis zwei von drei angebotenen Strukturen auszuschließen. Der Induktionsprozess sollte erst dann eingesetzt werden, wenn aufgrund der »Begehung« und »Vertiefung« schon mindestens ein Zentrum ausgeschlossen werden kann. Wenn dies nicht möglich ist, dann empfehle ich, weiterhin mit der Triade als Ressourceninstrument zu arbeiten, da eine ESB dann wahrscheinlich mehr Verwirrung als Klarheit bringt. Alle neun Strukturen anzubieten, kann eine energetische Überforderung sein. Das Erleben bei der Induktion sollte zu einer wechselseitigen Spiegelung zwischen Ihnen und dem Klienten führen.

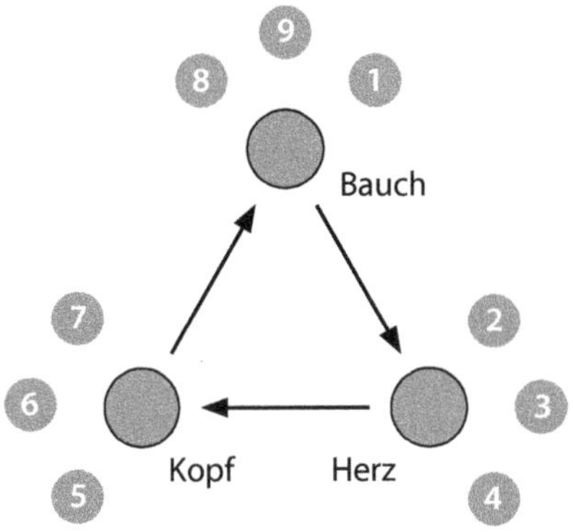

Abb. 45: Induktion der Enneagramm-Strukturen in der ESB

Beispiel einer ESB: Kürzlich konnte ich eine sehr eindrückliche Enneagramm-Struktur-Bestimmung erleben, bei der der Körper des Klienten komplett die Regie übernahm und deutlich wurde, welche Rolle transgenerationale Traumata in der ESB spielen können. Der Mann hatte sich schon ausführlich mit dem Enneagramm beschäftigt und ich wusste nicht, welcher Struktur er sich zugeordnet hatte.

1. Durchgang durch die Triade: Bauch – stabil und geerdet, guter Stand. Herz – sofortige Überflutung mit starken Emotionen, Weinen, Krümmen vor Schmerz. Diese Emotionen ließen sich in der Heftigkeit durch Klopfen reduzieren. Das war nicht Herz in Ressource, und in den momentanen Lebensumständen gab es keinen Anlass für diese heftigen Reaktionen, die wie aus dem Nichts auftauchten. Ich legte als weiteren Bodenanker den Kontext. Dem Klient fiel sofort der Vater ein und – sehr überraschend – der Holocaust/die Judenverfolgung. (In der Nachbesprechung stellte sich heraus, dass es auf der väterlichen Seite eine Täter-Verstrickung in das 3. Reich gibt.) Der Klient erzählte, dass er sich schon seit Jahren schuldig fühle für die Judenverfolgung. Durch weitere Bodenanker legten wir den Vater und denjenigen, der diese Schuld mit den Juden auf sich geladen hatte. Es trat eine sofortige Erleichterung ein. Diesen Kontext separierten wir mit Tesa-Krepp-Band von seiner Herzscheibe. Die Herzscheibe wurde zu seinem Vater gelegt, und er erhielt eine neue Scheibe für die eigene Version von Herz. Kopf – im Zentrum Kopf fing der ganze Körper an, sich zu bewegen. Der Klient sagte, es wäre, als ob alles eingerenkt werden würde. Er wollte nicht auf der Scheibe stehen bleiben und fing an, im Raum herumzulaufen, ja fast zu rennen. Er konnte sich das nicht erklären, und während er so umherlief, zuckten seine Arme und Beine. Bauch – ein Ruhepol nach den ganzen spektakulären Ereignissen. Interessanterweise fühlte er sich ganz wohl und recht unversehrt nach dem ersten Durchgang.

2. Durchgang durch die Triade: Die Emotionen am Herzpunkt waren noch spürbar, jedoch deutlich weniger. Das Kopf-Zentrum jedoch löste wieder starke motorische Impulse aus, Bauch blieb weiterhin stabil. Wir gingen in der Triade noch mehrere Runden und es wurde immer sicht- und erlebbarer, wie stark das Kopf-Zentrum war und welche Ressource dort schlummerte.

Nach diesen Erfahrungen war für mich deutlich, dass der Klient sich für eine 4 hielt (Die Identifikation mit Minderheiten, Vertriebenen, Verfolgten und deren Leid erzeugt häufig die Zuordnung zur 4) und in der Struktur 7 (Kopf im Aggregatzustand Flucht) beheimatet war. Mir war klar, dass in diesem Fall meine Einschätzung auf starke Widerstände stoßen würde. Da er mich jedoch um meine Einschätzung bat, teilte ich ihm diese mit. Dies löste einen längeren Prozess aus, durch den wir gemeinsam gingen und in dem ich mich immer wieder fragte, ob es wirklich eine gute Idee war, meine Einschätzung so deutlich zu kommunizieren. Interessanterweise löste sich das Thema der Schuldgefühle für den Holocaust tatsächlich in der weiteren Arbeit auf und seine eigene Struktur konnte anfangen, als Ressource in ihm zu wirken. Er hatte berichtet, dass er immer wieder starke Migräneanfälle hätte. Meine Vermutung war, dass sich diese durch die energetische Befreiung des Kopfes reduzieren könnten, was sich später auch bewahrheitete.

Wenn ein Thema im Erleben einer Person so dominant ist, dann ist es vollkommen nachvollziehbar, dass es auch für die Enneagramm-Struktur gehalten wird. Die neue Zuordnung wirkt dann zuerst identitätsschwächend, denn diese Person hatte sich vollkommen damit identifiziert. Darin sehe ich auch ein Risiko im Umgang mit dem Enneagramm, dass die Zahlen eine zu hohe Bedeutung bekommen. Dies engt sowohl die Möglichkeitsräume ein, und wird vor allem den individuellen Möglichkeitsbäumen nicht gerecht.

Checkliste zur Orientierung in einer ESB:

- Primärzentrum: Anhand der drei Grundenergien und des dazugehörigen Grundthemas wir die Ortung immer wieder überprüft.
- Einkreisung durch das Ausschlussverfahren: Welches Primärzentrum, welche Strukturen können ausgeschlossen werden?
- Grundenergie und Grundthema prüfen: Wenn zwischen zwei oder mehr Strukturen geschwankt wird, sich die dazugehörigen Primärzentren vergegenwärtigen.
- Welche Anteile sind aktiv?
- Innere Anteile sind geprägt durch die Enneagramm-Struktur.
- Überlegungen zu Introjekten: Wirkt das, was der Befragte sagt, identitätsverstärkend? Aspekte/Personen des Familiensystems können im inneren System als Introjekte mit der dazugehörigen Enneagramm-Struktur vorhanden sein.
- Verschleierung, Überlagerung oder Deformation der Enneagramm-Struktur? Traumata und negative Erfahrungen können zu einer Beeinträchtigung der Enneagramm-Struktur führen.

Sie selbst sollten Ihre eigene Enneagramm-Struktur gut kennen und sich damit automatisch und wie von selbst beschäftigen. Sie haben die drei Zentren mit den drei Reaktionsprinzipien (3×3) in sich, somit haben Sie auch einen *intuitiven Zugriff* auf diese *9 energetischen Reflektoren.* Dafür müssen diese Reflektoren blank geputzt sein, denn wenn bei Ihnen selbst einer oder mehrere der Reflektoren durch Ablagerungen blind sind, sei es aus biografischen Gründen, aufgrund schlechter Erfahrungen oder weil Sie Aversionen gegenüber bestimmten Strukturen entwickelt haben, dann kann der Reflektor auch nicht entsprechend reflektieren, wenn Sie auf diese Struktur treffen. Sie werden dann zwar versuchen, sich die Struktur auf anderem Wege zu erschließen, aber es fehlt ihnen eine wichtige Informationsquelle.

Somit ist das Training der neun Strukturen auf energetischer Ebene für Sie selbst eine sehr sinnvolle Angelegenheit. Denn wie Sie in den Fallbeispielen gesehen haben, hat nicht jeder auch tatsächlich Zugang zu seiner Struktur. Stellen Sie sich das wie den Besuch bei einem Fitness-Trainer vor. Sie haben die gleichen Muskeln wie Ihr Trainer, aber er muss Ihnen unter Umständen vormachen und Sie darin anleiten, diese Muskelgruppe zu aktivieren. Natürlich gelingt Ihnen das viel besser mit einem realen Lehrer als durch das Anschauen einer DVD oder gar, indem Sie ein Buch darüber lesen.

Wenn Sie alle neun Strukturen in sich aktivieren können, dann können Sie auch andere dabei unterstützen, ihr natürliches – vielleicht in Vergessenheit geratenes – energetisches Flussbett zu reaktivieren.

Schlussbemerkung

Sie konnten vielleicht wahrnehmen, dass mir dieses Buch ein sehr persönliches Anliegen ist und ich von mir sagen kann, dass mich das Enneagramm seit 20 Jahren sozusagen positiv »beunruhigt«. Da die Triade ein energetisches Modell ist, brauche ich besonders die körperlich wahrnehmbare Erfahrung der einzelnen Strukturen. Ich kann wunderbar mit der Triade und auch dem Hexagon arbeiten, ohne dass ich einer Person eine Struktur zuordnen muss. Bauch – Herz – Kopf gezielt als Quellen für Informationen, Erkenntnis und Ressourcen zu nutzen, ist ein großer Vorteil des Modells. Wenn Sie Ihre Struktur identifizieren möchten oder vielleicht Zweifel an Ihrer bisherigen Struktur haben, dann ermutige ich Sie: Suchen Sie sich jemanden, der Bauch, Herz und Kopf in die Begleitung Ihrer Fragen mit einbezieht, um zu einer Struktur-Bestimmung zu kommen.

Unter www.systemisches-enneagramm-netzwerk.com finden Sie Personen, die darin ausgebildet sind, mit der Triade und der KAFA zu arbeiten.

Dieses Buch ist eine Bestandsaufnahme meines Arbeits-und Lern-Prozesses mit dem Enneagramm und bis zum heutigen Tag habe ich – immer noch – mehr Fragen als Antworten. Insofern wird dieses Buch immer »zu früh« geschrieben sein.

Damit ich aber nicht selbst in der Introversionsschaukel des Strategischen Prinzips hängen bleibe, wird es jetzt veröffentlicht. Ich freue mich über Ihre Zuschriften, Fragen, Anmerkungen, Ideen und Kritiken zu meiner Arbeit mit dem systemischen Enneagramm.

Schreiben Sie mir unter gabriela@systemisches-enneagramm.de.

Die Ausbildung zum systemischen Enneagramm Coach/I.S.E.

Das Modell des Enneagramms ist am I.S.E, Institut für systemisches Enneagramm, so aufbereitet worden, dass es in vielen Bereichen des Berufslebens, der Weiterbildung, im Coaching und in der Psychotherapie eingesetzt werden kann. Die Ausbildungsunterlagen enthalten zahlreiche Vorlagen, die direkt beim Kunden, Coachee oder Klienten einsetzbar sind. Zentrale Bausteine der Ausbildung sind u. a.:

- Das Vier-Säulen-Modell
- Die Struktogramme
- Die Aufstellung des Triadischen Prinzips
- Das Strategische Prinzip als Prozessmodell
- Die Enneagramm-Struktur-Bestimmung ESB bestehend aus der kognitiv-assoziativen Flipchart-Analyse KAFA und der Aufstellung des Triadischen Prinzips
- Ressourcenarbeit mit dem Enneagramm

Die Ausbildung richtet sich an Personen, die entweder schon Enneagramm-Kenntnisse haben oder welche erwerben wollen, um dies beruflich zu nutzen. Wichtig ist die Bereitschaft, ab dem ersten Modul das erworbene Wissen praktisch einzusetzen und anzuwenden.

Die Ausbildung schließt mit dem Zertifikat »Systemischer Enneagramm-Coach/I.S.E.« ab, wenn über den Ausbildungszeitraum mindestens zehn Enneagramm-Strukturbestimmungen durchgeführt und protokolliert wurden.

Mehr unter: www.systemisches-enneagramm.de/ausbildung.

Bei Fragen zur Ausbildung rufen Sie mich gerne an: +49 7531 726 04 87.

Literatur

Matthias Varga von Kibéd und Insa Sparrer
Ganz im Gegenteil – Tetralemmaarbeit und andere Formen der Strukturaufstellung, Carl-Auer Verlag, 2011
Klare Sicht im Blindflug – Schriften zur systemischen Strukturaufstellung, Carl-Auer Verlag, 2010

Franz Ruppert
Symbiose und Autonomie, Klett-Cotta Verlag, 2011
Trauma, Bindung und Familienstellen, Klett-Cotta Verlag, 2005
Seelische Spaltung und innere Heilung, Klett-Cotta Verlag, 2010

Richard C. Schwartz
Systemische Therapie mit der inneren Familie, Klett-Cotta Verlag, 2003

Wilfried Reifarth
Wie anders ist der andere?, Eigenverlag des Deutschen Vereins für öffentliche und private Fürsorge e.V., 2009

Sandra Maitri
Neun Porträts der Seele, J. Kamphausen Verlag, 2001

Woltemade Hartman und Kai Fritzsche
Einführung in die Ego-State-Therapie, Carl-Auer Compact, 2010

Helen H. und John G. Watkins
Ego States – Theorie und Therapie, Carl Auer Verlag, 2012

Klaus Grochowiak und Susanne Haag
Die Arbeit mit Glaubenssätzen, Schirner Taschenbuch, 2005

Daniel Kahneman
Schnelles Denken, langsames Denken, Siedler Verlag, 2012

C. G. Jung
Archetypen, dtv Verlag, 2010
Traum und Traumdeutung, dtv Verlag, 2001
Typologie, dtv Verlag, 2001
Die Archetypen und das kollektive Unbewusste, Patmos Verlag, 2011

Eugene T. Gendlin und Johannes Wiltschko
Focusing in der Praxis, Pfeiffer bei Klett-Cotta Verlag, 1999
Focusing ist eine kleine Tür …, DAF, Band 4, 1993

Christopher Chabris und Daniel Simons
Der unsichtbare Gorilla. Wie unser Gehirn sich täuschen lässt, Piper Verlag, 2011

Joachim Bauer
Das Gedächtnis des Körpers, Piper Verlag, 2004
Warum ich fühle, was du fühlst, Heyne Verlag, 2006

Paul Watzlawick
Wie wirklich ist die Wirklichkeit?, Piper Verlag, 2012
Wenn du mich wirklich liebtest, würdest du gern Knoblauch essen, herausgegeben von Heidi Bohnet und Klaus Stadler, Piper Verlag, 2008

Hans Neidhardt und Maria-Anne Gallen
Das Enneagramm unserer Beziehungen, rororo Verlag, 1994

Stephanie Große Boes und Tanja Kaseric
Trainer-Kit: Die wichtigsten Trainingstheorien, ihre Anwendung im Seminar und Übungen für den Praxistransfer, Managerseminar Verlags GmbH, 2008

Don R. Riso
Die neun Typen der Persönlichkeit und das Enneagramm, Knaur Verlag 1989
Das Enneagramm Handbuch, Knaur Verlag, 1993

Friedrich Nietzsche
Die Kunst der Gesundheit, herausgegeben von Mirella Carbone und Joachim Jung, Karl Alber Verlag, 2012

Zimbardo Ruch und andere
Lehrbuch der Psychologie – Eine Einführung für Studenten der Psychologie, Medizin und Pädagogik, Springer Berlin 1974

Friedemann Schulz von Thun
Miteinander reden, Band 1 – Störungen und Klärungen. Allgemeine Psychologie der Kommunikation, Rowohlt-Taschenbuch, 2008

Peter A. Levine
Vom Trauma befreien, Kösel Verlag, 2011

Luise Reddemann
Imagination als heilsame Kraft, Klett-Cotta Verlag, 2007

Gabriele Kahn
Das Innere-Kinder-Retten, Psychosozial Verlag, 2010

Michael Bohne, Markus Bauer, Luigi Berini und Roseline Brinkman u. a.
Klopfen mit PEP: Prozess- und Embodimentfokussierte Psychologie, Carl-Auer-Systeme Verlag, 2010

Michael Bohne
Feng Shui gegen das Gerümpel im Kopf, Rowohlt Taschenbuch, 2007
Klopfen gegen Lampenfieber, Rowohlt Taschenbuch, 2008

Insa Sparrer
Wunder. Lösung und System, Carl Auer Verlag, 2009

Lightning Source UK Ltd.
Milton Keynes UK
UKHW030749211218
334353UK00011B/679/P

9 783958 020207